適菜 収

ミシマの警告

保守を偽装するB層の害毒

講談社+α新書

◉目次

第二章　ミシマの警告

第三章　安倍政権を支持するB層

はじめに　反時代的人間

結論から言うと、もうダメでしょうね。日本は。

完全に腐っている。

でも、どこがダメなのか、どこが腐っているのかをはっきりさせることには意味がある。

それは、「対案」を示すためではありません。

社会が腐敗に向かう近代というプロセスにおいて、「対案」など存在しないという前提のうえで、自分の生き方を定めるためです。どこに軸足を置くのか、あるいは置いてはいけないのかを明確にするためです。

近代大衆社会がどのような形で暴走し、どのような形で行き詰まるのかについては、これまで多くの哲学者・思想家が語り、実際そのとおりになってきた。

その兆候をすばやく察知し、わが国の現状に警告を発したのが、作家の三島由紀夫（一九二五〜七〇年）です。

一九七〇年、三島は自衛隊市ヶ谷駐屯地でクーデターを促し、割腹自殺しています。

その後、多くの三島論が書かれましたが、三島が理解されたかといえば疑わしい。それどころか、「エキセントリックな右翼」「偏狭な復古主義者」「時代錯誤のロマンチスト」といった歪んだ評価が蔓延している。

しかし、三島を読めば、彼が「真っ当な保守」であることがわかります。

逆に言えば、三島が理解されなかったのは、彼が「真っ当な保守」だったからです。

なぜ「真っ当な保守」は理解されないのか？

近代が誤解されているからです。保守とは近代に対するアンチテーゼです。

だから近代がわからなければ、保守もわからない。

三島は近代の病を直視しました。

古今東西、あらゆる古典に通じていた三島は、戦後という狂気の時代において正常な思考を維持したため、反発を買ったわけですね。

三島はドイツ文学者の手塚富雄（一九〇三～八三年）との対談でこう語っています。

三島　ぼく個人の体験で申しますと、「ウンツァイトゲメース」というニーチェのことばが非常に好きで、戦争中はウンツァイトゲメース、「反時代的」と訳されていましたか、それがもう唯一のよりどころみたいなものでした。

手塚　「季節はずれの」という訳もありましたね。

三島　ええ。それに戦争中からずっと、戦争に便乗するインテリというツァイトゲノッセ（同時代者）、戦後は戦後派というツァイトゲノッセがきらいで、それでニーチェがその後も好きになったわけですね。（「ニーチェと現代」）

三島は時代のいかがわしさに吐き気を覚えていた。

なぜ今の日本はおかしくなったのか？　なぜ世の中バカばかりなのか？

そういう疑問を持ったとき、三島が残した厖大《ぼうだい》な量の評論は非常に参考になります。

だから、三島の言葉を振り返りながら、今の世の中、ひいてはわれわれの思考の土壌について考えてみようというのが本書の趣旨です。

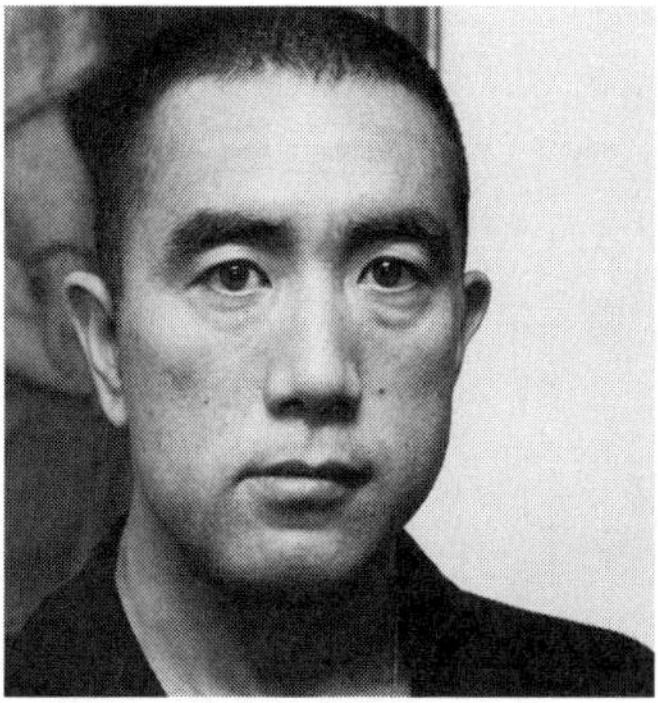

三島由紀夫（1925〜1970年）
小説家、劇作家

本書は三島論ではないので、小説や戯曲には言及しません。また三島の議論の全体像を描くものでもない。楯の会と森田必勝《まさかつ》（一九四五〜七〇年）がどうしたとか、仮面《ペルソナ》と肉体がどうしたとか、神風連の乱と陽明学がどうしたとか、そういう本はたくさん出ているので、そちらを読んでください。

第一章では、三島の言葉を参照しながら、わが国において「保守」が急速に劣化した原因を探ります。

現在「保守」の中に、極端にレベルの低い人たちが混じっています。なにか事件があれば脊髄反射のように「在日の仕業だ！」などと騒ぐような人たち、意見が合わない相手に、「共産党だ」「コミンテルンだ」とレッテルを貼る人たち、中韓の反日プロパガンダに過敏に反発する一方で、反中反韓プロパガンダにはコロッと騙される人たち、メディアが用意した「正論」にしがみつく思考停止した人たち……。本書のサブタイトルにあるように、B層（近代的諸価値を妄信するバカ）が「保守」を名乗っている。

第二章では、三島の警告を受けて、大衆社会のメンタリティーについて考えます。

第三章では、政治の劣化の象徴として自民党の問題を採り上げます。もっとも「非保守」的なものに自称保守が流されていくメカニズムについて考えます。

第四章では橋下徹の台頭とその暴走を許容する社会について検証します。われわれの社会は、破局に向けてすでに最終段階に入ったと考えたほうがいい。

第五章では、宗教と保守思想の関係について述べます。

いずれも、それほど難しい話ではありません。保守とは本来《常識人》のことです。三島の思考を追体験することで《常識》を取り戻すことが大切なのです。

適菜 収

第一章　なぜ「保守派」はバカが多いのか？

三島が守ろうとしたもの

最初に三島の政治的な立場を説明しておきます。
三島は民族主義や国家主義に対する警戒を怠らなかった。
反共や復古主義の欺瞞《ぎまん》も嫌った。
愛国教育や国粋主義も嫌った。
昭和の軍国主義を批判し、徴兵制と核武装を否定した。
こう説明すると、「え?」と思う方も多いのかもしれません。
三島は極右の民族主義者だろう、と。
でも、実際には違います。
三島は言います。

第一、日本にはすでに民族「主義」というものはありえない。われわれがもはや中近東や東南アジアのような、緊急の民族主義的要請を抱え込んでいないという現実は、幸か不幸か、ともかくわれわれの現実なのである。(「裸体と衣裳」)

しかし、何はともあれ、共産主義にとってもファシズムにとっても、もっとも利用しやすい民族主義が、目下のところ、国家に代って共同体意識の基本単位と目されているだけに、民族主義のみに依拠する危険は日ましに募っている。（「文化防衛論」）

それでは三島はどのような立場において、なにを守ろうとしたのか？
保守の立場において、議会主義を守ろうとしたのです。
それでは三島が最大限に警戒すべきと説いたのはなにか？
全体主義です。
三島は右と左の両方から発生する全体主義に警鐘を鳴らしました。

言論の自由を保障する政体として、現在、われわれは複数政党制による議会主義的民主主義より以上のものを持っていない。
この「妥協」を旨とする純技術的政治制度は、理想主義と指導者を欠く欠点を有するが、言論の自由を守るには最適であり、これのみが、言論統制・秘密警察・強制収容所を必然的に随伴する全体主義に対抗しうるからである。（「反革命宣言」）

三島が「言論の自由」を重視したのは、彼が自由主義者だからではありません。保守は「主義」など信仰しない。

「言葉」を守ることこそが、国を守ることにつながるからです。

自由主義者と保守主義者は違います。

それではどこが違うのか？

『文藝春秋』と「百人の叡知」

私が最初に本を出したのは三〇歳のときです。

当時からすでに「新しいものを書いてやるぞ」みたいな気負いはまったくありませんでした。

「新しいもの」を書くことができるのは天才か狂人だけです。

私は「言い古されたこと」を繰り返すことが大事だと思っていた（今も思っている）ので、「新しいもの」をなるべく書かないように注意しながら、古今東西の賢者の知恵を右から左へ書き写す作業をはじめた。

要するにパクリですね。それでいいんです。

たとえば三島はこう言っている。

(前略) 歴史上訪ねていけば、本歌取りというのがあって、定家の「詠歌大概」なんかに、ちゃんと盗作の規則が書いてあるし、日本人のオリジナリティという考えは、西洋人に比べてだいぶ違うでしょうね。だから、古典主義の理論からいえば、盗んだってちっともかまわない。(「肉体の運動 精神の運動」)

「オリジナル」なんて近代に発生した妄想です。相当頭がおかしくなければ、オリジン(origin) を主張することなどできない。言い古されたことは、大事なことだから言い古されているわけです。

しかし、文筆を生業とするうえで、短期的な目標はあってもいいのではないかと思い、「四〇歳までに『文藝春秋』で書く」と決めた。俗っぽいところも気に入った。だからと言って、原稿を持って売り込みに行くわけでもなく、結局『文藝春秋』から原稿の依頼が来たのは三八歳のときでした。

「安倍総理の『保守』を問う」という特集に一〇〇人が寄稿。私は、そのうちの一人であり、原稿用紙二枚ほどの短い原稿だった。

発売日に『文藝春秋』が送られてきたので、池袋の喫茶店で読み始めた。

「超大型企画」と銘打ち、「日本の針路はどこに向いているのか。我等の漠たる不安に百人の叡知が答える」という勇ましいリードが続く。

で、本文を読んだら、口があんぐりですよ。

「百人の叡知」のうち、きちんと「保守」を理解している人間はごくわずか。「叡知」よりも「ポンチ」が多い。

こういうことを言うと「何様だ！」と怒られそうですが、天下の『文藝春秋』に書くような人たちにさえ、保守は理解されていないのだなと少々感慨深かった。

コーヒーを飲みながら友人を待っている間、暇だったので一〇〇人に対して一〇〇点満点で点数をつけてみた。

八点、九点、一〇点をつけたのが一二人。あえて名前を出せば、中島岳志、保阪正康、中野剛志《たけし》、安田浩一、鹿島茂、武村正義、佐伯啓思《けいし》、荻原博子、中谷巌《いわお》、竹森俊平、北岡伸一、亀井静香（掲載順）である。断っておくが、これは「保守観に対する評価」であり、「人物に対する評価」ではない。

それで三点、二点、一点をつけたのが二七人。あえて名前を出せば……と書き連ねてみたが、やはりシャレにならない。たまに会う人もいるし、逆恨みされるのも嫌だし。

だから、特にひどいのだけをピックアップしておく。

田原総一朗は一点。「保守は経済の自由競争を尊重し、政府が市場に介入しない」。こんなむちゃくちゃな定義があるわけがない。それは保守ではなくて新自由主義である。この手のバカが急増した原因については、後ほどまとめて述べる。

曽野綾子も一点。「しかし強いて言えば、現在の日本の現状を、いい国だと感じている人が保守で、そうではない、日本は世界的レベルでもひどい国だと信じている人が進歩的だということだろう」。

ほとんど意味不明だが、いわゆる「保守」の思考停止の症例としては典型的ですね。強いて言えば、正常な保守は日本の現状を憂いているのだ。

佐高信も一点。「いま、保守とタカ派ならぬバカ派を分ける基準は、まさにこの侵略観である。侵略と認める者が保守で、認めたくない者が右翼的タカ派であり、後者は性急な非寛容をその特色として、ますます、本来の保守から遠ざかっている」。もちろん「侵略観」と保守、右翼の間にはなんの関係もない。保守だろうが右翼だろうが、侵略史観を否定する人間も肯定する人間もいる。

その他、堺屋太一、竹中平蔵、某社社長二人も一点だった。

そこに共通して見られるのは「保守」という言葉の混乱です。

そしてこれこそが、今の日本社会の混迷を示している。

批判するだけではフェアではないので、以下、私が寄稿した文章を貼り付けておきます。

「保守」という言葉が混乱しています。この二〇年にわたり、わが国で急進的改革を唱えてきたのは、「保守」を名乗る連中でした。皇室を侮辱し続けてきた石原慎太郎という男が「真正保守」を名乗る集団のトップに君臨し、「もはや国境や国籍にこだわる時代は過ぎ去りました」と言うグローバリストの安倍晋三が「保守派」に支持されるという奇妙な現象が発生しているのが現在です。安倍政権は、配偶者控除の廃止や移民の受け入れを検討していますが、これは自民党を支持してきた戦後的「保守」とも相容れないものでしょう。

だからまずきちんと定義することが大切です。保守とは何か。ひとことで言えば、「人間理性に懐疑的であるのが保守」です。抽象的なものを警戒し、現実に立脚する。人間は合理的に動かないし、社会は矛盾を抱えていて当然だという前提から出発する。逆に言えば「人間理性を信仰するのが左翼」です。

これを一つ下のレベルの話に落とすと、近代啓蒙思想をそのまま現実社会に組み込むことに否定的なのが保守となります。なぜなら、近代啓蒙思想は理性の拡大の延長線上に理想社会を見出すという発想の下にあるからです。要するに、進歩思想ですね。そこで保守の批判の対象になるのは急進的な平等主義と自由主義です。

ついでに言えば、反米、親米、嫌中、嫌韓、改憲派、軍国主義、復古、国家主義といったものは、保守の定義とはなんの関係もありません。それらはそれぞれの個人の要素の一つです。ピーマンが好きか嫌いかは保守であることと関係ない。それと同じ。

そこが曖昧になっているので、わが国では保守の対極にあるような人たちが「保守」を名乗っているのでしょう。保守という立場が明確に意識されるようになって二世紀が経ちますが、昔も今も保守は少数派です。「保守系」と呼ばれる新聞や雑誌で書いている連中でも、真の保守は一割もいないのではないでしょうか。近代大衆社会とはそういうものだと思います。（『文藝春秋』二〇一四年六月号）

自分で言うのもなんですが、なかなかいい文章です。

保守の定義もこれでいいと思います。

「**人間理性に懐疑的であるのが保守**」**です。**

これが保守の本質です。

たとえば「伝統の擁護」といった保守の性質も、「理性に対する懐疑」ということで説明できる。非合理的に見える伝統や慣習を理性により裁断することを警戒するわけです。保守が宗教を重視するのも理性の暴走を防ぐためです。

中間共同体を重視するのは、近代イデオロギーの暴走を抑える緩衝材を必要とするからですね。よって、保守は漸進主義になる。つまり、ゆっくりと慎重に改革を進める。改革というより改善です。

保守は、左翼のように平等や人権を普遍的価値とは捉えません。

あらゆる価値は、個別の現実、歴史に付随するものであるからです。

保守にとっては、「自由」でさえ、絶対の価値を持つものではない。

ここだけわかっていれば、大分見通しが明るくなります。

具体例を出しながら、これから説明していきます。

レッサーパンダと保守

ここのところ「保守とはなにか？」みたいな本がたくさん出版されています。

それを書いているのは到底「保守」とは思えないような人だったりすることも多く、いよいよ日本も傾いてきたなと思う。

先ほども述べたとおり、中国や韓国に対して敵意を見せようが、靖国神社に参拝しようが、改憲を唱えようが、保守の本質とはなんの関係もありません。

パンダといえば、誰もが上野動物園にいるジャイアントパンダを思い浮かべると思います。白と黒にはっきりと分かれた体毛。エサは笹の葉。

しかし、本来わが国においては、現在「レッサーパンダ」と呼ばれている動物がパンダでした。中型犬くらいの大きさで長くて太い尻尾がかわいいアレである。

昔、ヤクルトのCMで「最初のパンダは白かった♪」「最初のパンダは黒かった♪」というのがあったが、パンダは白でも黒でもなく茶色だったのである。

しかし、中国のジャイアントパンダが一気に注目を浴びた。

その結果どうなったか？

レッサーパンダ

ジャイアントパンダから「ジャイアント」が外され、単に「パンダ」と呼ばれるようになり、本来のパンダには、「レッサー（lesser）」という蔑称が付けられたのである。「レッサー」には「小型」のほかに「劣った」という意味がある。

それと同じ構図ですね。

本来、日本にいた保守は片隅に追いやられ、ほとんど絶滅状態。そして、保守でもなんでもない人たちが

「我こそは保守である」と我が物顔に振る舞っている。

単なる反共主義者、排外主義者、新自由主義者、グローバリスト、国家主義者、ネット右翼、軍事オタク、ただ声がでかくて威勢のいい人、髪の毛を盛り上げたおばさん……魑魅魍《ちみもう》魎《りょう》のわけのわからない人たちが保守を自称しているのが現在のわが国の状況です。

要するに保守が変質してしまった。

今の日本では、「保守」を名乗る人物が、特定のイデオロギーに基づき、朝から晩まで抜本的改革を唱え、伝統の破壊に勤しんでいる。冷戦下のドサクサにまぎれて、保守の対極にあるような思想の持ち主が「保守」とされるようになった。

三島は言葉を正確に使う人でした。

だから、言葉の混乱が許せなかった。

記者クラブのバルコニーから、さまざまな政治的スローガンをかかげたプラカードを見まわしながら、私は、日本語の極度の混乱を目のあたりに見る思いがした。歴史的概念はゆがめられ、変形され、一つの言葉が正反対の意味を含んでいる。（中略）民主主義という言葉は、いまや代議制議会制度そのものから共産主義革命までのすべてを包含している。平和とは時には革命のことであり、自由とは時には反動政治のことである。長崎カステー

ラの本舗がいくつもあるようなもので、これでは民衆の頭は混乱する。政治が今日ほど日本語の混乱を有効に利用したことはない。私はものを書く人間の現代喫緊の任務は、言葉をそれぞれ本来の古典的歴史的概念へ連れ戻すことだと痛感せずにはいられなかった。

（「一つの政治的意見」）

三島が指摘するとおり、言葉の混乱は政治に利用される。「民主主義」「議会主義」「自由主義」「保守」といった言葉の混乱により、わが国は傾いてきた。

言葉の破壊は思考停止を生み出す。言葉はわれわれが生まれる前から存在しているものであり、自国語で思考する以上、それは世界そのものであるからだ。

三島は言います。

ことばというものは、結局孤立して存在するものではない。芸術家が、いかに洗練してつくったところで、ことばというものは、いちばん伝統的で、保守的で、頑固なもので、そうしてそのことばの表現のなかで、僕たちが完全に孤立しているわけではない。（「対話・日本人論」）

三島が最終的に守ろうとしたのは日本語でした。三島は日本語を破壊する勢力との闘争を訴えたのです。

大事なことは、言葉を古典的歴史的概念へ連れ戻し、考え続けることです。世の中は複雑で矛盾に満ちています。簡単に答えを出せない問題はたくさんあります。それを二項対立に落とし込み、白黒はっきりさせようとするのがB層です。

彼らの口癖は「対案を示せ!」です。

イデオロギーを拒絶したイギリスの労働者

文芸評論家の江藤淳(一九三二〜九九年)がずばり「保守とはなにか」という文章を書いています。

保守主義というと、社会主義、あるいは共産主義という主義があるように、保守主義という一つのイデオロギーがあたかも存在するかのように聞こえます。しかし、保守主義にイデオロギーはありません。イデオロギーがない——これが実は保守主義の要諦なのです。

保守主義はイデオロギーを警戒する態度である。

江藤は「保守主義とは一言でいえば感覚なのです」と簡潔に述べたうえで、イギリスの歴史家から聞いた話を例に出す。


一八九七年（明治三十年）にイギリスのニューカッスル・アポン・タインのアームストロング造船所で、英国労働争議史上に特筆されるような大争議がありました。このとき欧州大陸からドイツの社会主義インターナショナル系を中心とする革命オルグが続々と英国にやってきて、労働者をイデオロギーによって組織しようとした。ところがイギリスの労働者たちは、このイデオロギー信奉者たちを追い返してしまった。俺たちは労働時間を短縮し、賃金を上げてもらいたいだけで、わけのわからない「主義」は必要ない、と。（同前）

いい話ですね。

江藤は労働者階級にまで保守的な感覚が貫かれているイギリスに感動する。「いい悪いの前に、異物がきたらまず追い返す」。この感覚が保守であると。

《常識》があるから、「なんか変だな」「いかがわしいな」と思う。

イギリス人にとって最大の異物はフランス革命だったのではないかと江藤は言う。

フランス革命では王様がギロチンにかけられた。

しかし、ギロチンはただの道具であり、問題はギロチンの背後にあるものだ。

それは理性主義であり、近代啓蒙思想から派生した自由・平等・友愛という革命のイデオロギーです。

理性とは人間に備わっているとされる、ものごとを推測する能力です。

フランス革命下においては、理性が神の位置に押し込まれた。

マクシミリアン・ロベスピエール（一七五八〜九四年）は、一七九四年六月八日、テュイルリー宮殿で「最高存在の祭典」を開きます。理性により社会を合理的に設計することを宣言したわけですね。ロベスピエールは「神が存在しないなら、発明する必要がある」と言いましたが、こうして理性は万能のものとして祭り上げられた。

その結果どうなったのか？

地獄が発生したのです。

フランス革命後、自由は自由の名の下に抑圧され、社会正義と人権の名の下に大量殺戮が行われた。

なぜか？

「動物には理性がない。しかし、人間には理性があるから合理的な判断を下すことができる」とよく言われます。

しかし、本当でしょうか？

実際にはその正反対で、動物の行動は合理的ですが、人間の行動は合理的ではありません。

これが歴史的事実です。

デイヴィッド・ヒューム（一七一一〜七六年）も言うように、人間の行動には情念や慣習が大きく関与しています。すでにいろいろな前提がある。ジャンバッティスタ・ヴィーコ（一六六八〜一七四四年）は、ルネ・デカルト（一五九六〜一六五〇年）の理性万能主義を厳しく批判し、「共通感覚《セーンスス・コンムーニス》」を重視しました。それは一定の条件において妥当になる「真らしいもの」ですが、先験的な真理を振りかざしてそれを裁断すれば、不都合が生じる。

マクシミリアン・ロベスピエール
（1758〜1794年）政治家

切り捨ててはならないものも、切り捨てることになってしまう。

つまり、人間が合理的に動くことを前提とした世界観、歴史観、社会観は、学問的モデルとしては成立するものの、現実社会を動かす原理としては機能しないわけです。ジャン＝ジャック・ルソー（一七一二〜七八年）だって相当いかがわしい人物ですが、自分の理論をそのまま現実社会に適用しようなどとは思っていなかった。それを現実世界に持ち込んだのが、ルソー信者のロベスピエールでした。

三島は言います。

（前略）われわれはあと何十年かのあいだ、模索を重ねて生きるだろうが、とにかくわれわれは、断乎として相対主義に踏み止まらねばならぬ。宗教および政治における、唯一神教的命題を警戒せねばならぬ。幸福な狂信を戒めなければならぬ。現代の不可思議な特徴は、感受性よりも、むしろ理性のほうが、（誤った理性であろうが）、人を狂信へみちびきやすいことである。（「小説家の休暇」）

政治の世界の、普遍的理性という問題は、国際連盟で失敗し、戦争裁判で馬脚を現わし、国際連合で無力化している。現実の政治制度は、人間の普遍的理性と、民族の深層心理的衝動との、二つの車輪の間にいつも二つに引き裂かれる宿命をもっている。アメリカのような国では、それでなんとかやっていけるでしょうが、もっと古い歴史のある国では、反発するものが起きてくるのは当然だと思うのです。（「対話・日本人論」）

三島は、わが国の根幹にある理性の暴走の問題を正確に見抜いていた。それは最終的に何とぶつかるのか？

ここが本書のテーマでもあります。

なぜ日本で近代が暴走したのか？

人間は必ずしも私的利益を追い求めるものではないし、一見「非合理」に見えるものが、人間存在の根幹を支えているのではないかと察知する「大人」もいる。

エドマンド・バーク（一七二九〜九七年）が『フランス革命の省察』を書いたのは革命直後の一七九〇年でしたが、その末路を見抜くことができたのは伝統に培われた《常識》があったからです。

いかがわしいものを肌で察知する。

保守とは《常識人》のことです。

しかし、フランス革命が発生して、なんとかしなければ世界が危ないということになった。《常識》に寄り添い、素朴に暮らしていける状況でもなくなった。そこで、愛着ある日々の生活を守るために、保守主義が発生する。だから保守主義は、近代以降にしか存在しません。

ところが、「保守を語るときに、バークをはじめとする西欧の思想家・哲学者を持ち出す必要はない」という人がいます。

「当時の西欧の事情を現在の日本にそのまま当てはめることはできない。日本には独自の歴史があるのだから、日本には日本なりの保守の姿があるのだ」と。

これは大間違いです。

日本は明治以降、統治システムとしては完全に近代国家になっています。当然、その背後にあるイデオロギーは西欧で発生したものです。

三島は「アジアにおける西欧的理念の最初の忠実な門弟は日本であった」と言います。しかし日本は近代史をあまりに足早に軽率に通りすぎてしまった。

近代化を焦るあまり、啓蒙思想を無批判に受け入れる一方で、それに対峙する思想を身につけることを怠った。

――日本はほぼ一世紀前から近代史の飛ばし読みをやってのけた。その無理から生じた歪み

——は、一世紀後になってみじめに露呈された。（「亀は兎に追いつくか？」）

わが国は近代に対する防波堤を築くことができなかった。

「近代史の飛ばし読み」によって生じた歪みが、社会を覆っている。

近代が純化された形で暴走しているのが今の日本です。だから、多くの保守思想家・哲学者の分析は、むしろ今の日本でそのまま使うことができる。

ホセ・オルテガ・イ・ガセット（一八八三〜一九五五年）に関してもそうです。

「オルテガの大衆批判は、二〇世紀前半の欧州社会を対象としたものであり、それを二一世紀初頭の日本に当てはめるのは間違いだ」という意見もあるが、そのまま当てはめることができるんですよ。

『大衆社会の処方箋』（藤井聡・羽鳥剛史）は、京都大学におけるその実証的な研究であり、オルテガによる大衆の分析が、現在の日本社会に適用できることを示しています。

近代大衆社会がどのような経緯を経てドツボにはまるのか指摘した賢人は大勢いますよね。ヨハン・ヴォルフガング・フォン・ゲーテ（一七四九〜一八三二年）も、ヤーコプ・ブルクハルト（一八一八〜九七年）も、セーレン・キルケゴール（一八一三〜五五年）も、フリードリヒ・ニーチェ（一八四四〜一九〇〇年）も、大衆の精神の問題を扱った。

ホセ・オルテガ・イ・ガセット
（1883〜1955年）哲学者

彼らの仕事は、日本が大きく傾き始めた今、繰り返し振り返る必要があります。

酒を飲むということ

きちんとした酒場できちんと酒を飲んでいる人は、保守的な人が多いと思う。一方、きちんとしていない大酒飲み、だらしないアル中にも、もしかしたら保守的な人が多いのではないか。

酒飲みは日々理性をなくすからだ。

飲みすぎはよくないと思っていても、つい飲んでしまう。ここで止めようと思っても、もう一本お銚子を頼んでしまう。自宅に帰ろうとしても、気がついたらもう一軒バーに寄っている。毎日そういうことの繰り返しであれば、人間理性なんてものを信じられなくなる。散々飲んだくれた後で、締めのラーメンでも食べれば、理性のいかがわしさが身にしみてわかる。

だいぶ昔の話だが、浅草のビヤホールで一人で飲んでいると、老人と相席になった。八〇を超えているという老人の髪の毛はふさふさで黒々としている。どう見ても安物のカツラだ。

普段どこで酒を飲んでいるかという話になり、私が何軒か店の名前を挙げると、老人は「そこはオレの行きつけの店だ」と言う。よく知っている店なので、「あまり、お見かけしませんが……」と言うと、「年に二回は行く」とのこと。

まあ、いいや。おじいさんなのだから仕方がない。

軽く受け流していると、「あそこの店は猪口を変えた」と文句を言い始める。

私はイギリスの思想家マイケル・オークショット（一九〇一〜九〇年）の言葉を思い出した。

――道具の使用の本質は使い慣れることにあり、それゆえ人間は、道具を使用する動物である限り、保守的性向を有するのである。（「保守的であるということ」）

もう一つ思い出したのが、武士道を唱えた山本常朝《じょうちょう》（一六五九〜一七一九年）の『葉《は》隠《がくれ》』です。そこには、鍋島直茂の御壁書として「大事の思案は軽くすべし」、石田一鼎《いってい》の註として「小事の思案は重くすべし」とある。

これに三島が『葉隠入門』で解説を加えています。

イギリス人はティーカップに紅茶を先に注ぐか、ミルクを先に注ぐかにこだわる。その小さな事柄の中に、イギリス人の生活の理念が確固としてあるのだと。

小さいことを軽視すれば、「アリの穴から堤防が崩れるように」人間は崩壊する。

三島は、イデオロギーが重んじられて、日常生活のしきたりが軽んじられている倒錯した時代に警鐘を鳴らした。

もう一つは、生活の細目ということから行動規範を見つけ出すという考えで、私は、「葉隠」の場合、遠近法が非常にはっきりしていると思うのですが。いちばん手もとにある、箸の上げおろしから、盃の持ち方、そういうことからモラルをつめていって、それが美しいか美しくないかということから、こうすべきだ、ああすべきだということになり、最後に死へもっていっているという感じがしまして、いまの人たちの道徳観とぜんぜん逆みたいですね。(「『葉隠』の魅力」)

瑣末なことこそが重要なのです。

保守には守ろうとする文化、伝統に培われた美意識がある。第三章で詳しく述べますが、私が安倍晋三という男をまったく信用しないのは、政治家としての資質以前に、箸の上げおろしひとつまともにできないからです。

中ジョッキ一杯と電気ブラン一杯を飲んで老人は帰っていった。

時々、どこで手に入れたのかわからないような、理解の範囲を超えるカツラを被っている人を見かけるが、そこには本人にしかわからない愛着があるのかもしれない。

最後にオークショットの保守の定義を引いておきます。

さて、保守的であるとは、見知らぬものよりも慣れ親しんだものを好むこと、試みられたことのないものよりも試みられたものを、神秘よりも事実を、可能なものよりも現実のものを、無制限なものよりも限度のあるものを、遠いものよりも近くのものを、あり余るものよりも足りるだけのものを、完璧なものよりも重宝なものを、理想郷における至福よりも現在の笑いを、好むことである。（「保守的であるということ」）

福田恆存と地元の蕎麦屋

劇作家の福田恆存《つねあり》（一九一二〜九四年）が保守について語るときに、地元の蕎麦屋をよく例に出したのは有名だ。

でも、有名な話のわりにはどういう文脈で語ったのかあまり知られていないのではないか。

三島は福田との対談「文武両道と死の哲学」でこう述べる。

体制というものを守るということでは、われわれは、とても共産主義なり社会主義に対して、アメリカ及び自由諸国の一陣営の中の一国としての民主主義体制を守るということは、ぼくは弱いと思うんだね。

そこで出てくるのは、やっぱり国体の問題と天皇の問題ですよ。どうしても最終的に守るものは何かというと、天皇の問題。それでもまだあぶない。カンボジアみたいに王制でだね、共産主義という国もあるんだからね。

（中略）

そうすると何を守ればいいんだと。ぼくはね、結局文化だと思うんだ、本質的な問題は。

福田は同意して言う。

――伝統だとか、文化とかいうと、なんだか唯美主義的に聞えるけれども、実は決してそうではなくて、たとえばうまいソバが食いたい、それを作ってもらいたいというささいな日常的な生き方に至るまで、われわれの生き方を守るということでしかないんだよ。ところが、そういうものを、明治以来気ちがいのようになってぶっつぶしてきたわけだ。それで先進国とかいうものになって、やっと夢はかなったんでしょう。敗戦はしたけれども、そのおかげで先進国にのしあがった。そういうことに日本人としての誇りの拠りどころを求めるというのが関の山で、日本の文化を守ろうなんて言ってもぜんぜん通用しない。（同前）

福田恆存
（1912〜1994年）劇作家

三島や福田が言葉の破壊に警告を発したのは、言葉こそ「日本」であるからだ。

三島も福田も「文化を守る」のは「おのれを守る」ことだと言う。

しかし、今の時代はそこが切断されている。

福田が保守運動を嫌ったのは、福田が保守であったからだ。保守とはイデオロギーによって熱くなり、「われわれ保守派は！」と大声を出して市民運動を始めるようなものではない。

福田は西欧近代思想を踏まえたうえで保守を正確に理解していたので、数々の誤解の上に成り立っているわが国の「自称保守」に我慢できなかったのでしょう。

福田は言います。

私の生き方ないし考え方の根本は保守的であるが、自分を保守主義者とは考えない。(中略)保守派はその態度によって人を納得させるべきであって、イデオロギーによって承服させるべきではない。(後略)

だが、保守派が保守主義をふりかざし、それを大義名分化したとき、それは反動になる。大義名分は改革主義のものだ。もしそれが無ければ、保守派があるいは保守党が危殆に瀕するというのならば、それは彼等が大義名分によって隠さなければならぬ何かをもちはじめたということではないか。(「私の保主主義観」)

保守とは歴史に対する真っ当な態度、生活の姿勢である。《常識》を大切にするということです。

だから、「われわれ保守派は！」と大声をあげるのは、「われわれ常識人は！」と騒いでいるのと同じで、そういう人を一般に《非常識》と言います。

はかなさを感じない人間

先日、近所の焼き鳥屋に久しぶりに行ったら、完全にダメになっていた。以前は美味しかったのですが、肉がパサパサ。焼き方も下手だが、肉の質も悪くなっている。ピースも小さいし、串打ちの段階から真面目にやっていないことがわかる。

聞いた話によれば、系列店がオープンすることになり、店長はそちらにかかりきりになっているとのこと。

それで二番手の店員が店を仕切っていた。

いい店でも、ちょっとした油断で、ダメになってしまう。

先ほどの福田との対談の続きで、三島はこう述べる。

文化人というのはいつものんきなんだが、資本家が金をこわがるように、どうして文化人は文化というものの、もろさ、弱さ、はかなさ、というものを感じないいんだろうかね。

（中略）

いまでもぼくは、文化というものは、ほんとにどんな弱い女よりもか弱く、どんな破れやすい布よりも破れやすい、もう手にそうっと持ってにゃならんのだと思いますね。そっからすべてものの危機感がくるんだし、それで、そのためには自分のからだを投げ出してもいいと思うしね。

そう思うんですが、ぼくにとっちゃそういうものの延長上に天皇だ何だという問題が出てくるんで、絹のようなもの、日本文化の中で一番デリケートな、一番やさしい、こわれやすいものというのは、頭の中にしじゅうあるんです。（「文武両道と死の哲学」）

「文化を守る」とは分類し、博物館の陳列棚に飾ることではない。それを守ろうとする人間の具体的行為にかかっている。

三島の小説『金閣寺』の主人公である若い僧は、金閣を焼くことを思いつく。

考え進むうちに、諧謔的な気分さえ私を襲った。『金閣を焼けば』と独言した。『その教育的効果はいちじるしいものがあるだろう。そのおかげで人は、類推による不滅が何の意味ももたないことを学ぶからだ。ただ単に持続してきた、五百五十年のあいだ鏡湖池畔に立ちつづけてきたということが、何の保証にもならぬことを学ぶからだ。われわれの生存

――がその上に乗っかっている自明の前提が、明日にも崩れるという不安を学ぶからだ』

ところが、今の世の中、そのような教育的効果などありはしない。自明の前提などすでに崩れている。それに心を痛めることもない。「能や狂言が好きな人は変質者」と言い放ち、文楽をはじめとするわが国の伝統芸能に攻撃を仕掛けた変質者が大阪に出現したが、大衆はこの放火魔に声援を送ったのである。

反共という思考停止

共産主義も近代啓蒙思想から派生したものです。

左翼＝革新勢力は、理想により現実を否定したいわけです。だから、現実の背後に世界観や歴史観が必要になる。要するにイデオロギーですね。

だから、当然、保守は反共の立場をとります。

しかし、反共＝保守ではありません。

逆に、反共というところで思考停止することで「保守」は劣化してきた。

たとえば、同様に反共の姿勢を示した自由主義の暴走を見逃してしまう。

自由の無制限の拡張も、平等の無制限の拡張と同じく、近代イデオロギーの負の側面ですが、自称保守のB層はそこに気づかないわけですね。
三島はこの構造の危険性を指摘します。

目下の危険は、ファッシズムや、コミュニズムそのもののなかにあるのではなく、「反共」という観念に熱中して、本来技術的な政治形態が、おのれの相対主義を捨て、世界観的な政治を摸倣するところにある。
二つの世界の対立は、資本主義国家と共産主義国家、民主々義国家と共産主義国家の対立、という風に規定されているけれど、本来別の範疇に属する政治形態の間には、厳密に云って、対立関係というものはありえない。もしあればそれは、理念的対立ではなく、力の対立である。だから本当の危機は単なる力の対立が、理念的対立を装うところにあるのだ。(「新ファッシズム論」)

冷戦下において、共産主義に対抗するため、保守主義者と自由主義者は手を組みました。しかし、反共で思考停止した「保守」は、本質を忘れ、自由主義に対する警戒心を失っていく。それどころか、自由主義こそが「保守の本質だ」などと言い出すバカが増えた。冷戦が終わり、「大きな敵」を見失ったことで、なにがなんだかわからなくなってしまった。

そこで、アメリカの特殊な保守観を輸入してきて、悦に入るわけです。「価値観を同じくするアメリカとわが国は運命共同体だ」みたいな。

でも、アメリカと西欧では保守観はまったく異なります。

これは当然であって、アメリカは建国当初から自由を至上の価値として掲げる純粋な近代国家なんですね。だからこそ、アメリカでは自由を神格化することが保守になる。そこでは、個人の自由に介入するものは悪となり、極端な個人主義が発生する。政府の干渉を嫌うので、小さな政府を唱えるのが保守になる。

こうして「保守」が原理的な近代主義者になるという倒錯が発生する。

今の日本の保守論壇で発生している現象はまさにこれですね。

三島は言います。


というのは、アメリカという国は、十八世紀の古典的な理念が、おもて向きいちばんのうのうと生きている国なんですね。アメリカはああいう人種の雑種の国ですし、歴史は浅いし、インターナショナリズム的な観念でも、国内でじゅうぶん充足するわけです。

(中略)

だから彼らは、自由といい、平和といい、人類というときに、それは信じていると思う。

それは彼らの生活の根本にあって、そういうものでもって国家を運用し、戦争を運用し、経済を運用してやっている。それが日本にきてみた場合に、日本人がそういうような、ある意味で粗雑な、大ざっぱな観念で生きられるかどうかという、いい実験になったと思う。

（中略）

というのは、日本で自由だの平和だのといっても、そんな粗雑な観念でわれわれ生きているわけではありませんからね。（「対話・日本人論」）

アメリカかぶれのお花畑、保守を偽装する近代主義者が「粗雑な観念」「大ざっぱな観念」を振り回すのが、特にこの二〇年で目に余るようになりました。彼らの目的は、アメリカを「保守」すること、およびグローバリズムという名のアメリカニズムと戦後体制の堅持ということになります。クズですね。

ゲーテとの対話

私は昔からゲーテが好きでよく読んでいました。

「これまでに読んだ本の中で一番すごい本はなにか？」と聞かれたときに必ず答えるのは、

ゲーテの弟子であるヨハン・ペーター・エッカーマン（一七九二～一八五四年）が書いた『ゲーテとの対話』です。これは岩波文庫で三冊組で出ています。

ゲーテは自由についてこう言います。

本物の自由主義者は自分の使いこなせる手段によって、いつでもできる範囲でよいことを実行する。しかし、必要悪を力尽くですぐに根絶しようとはしない。彼は賢明な進歩を通じて少しずつ社会の欠陥を取り除こうとする。暴力的な方法によって同時に同量のよいことをだめにするようなことはしない。彼はこの常に不完全な世界において時と状況に恵まれて、よりよいものを獲得できるまで、ある程度の善で満足するのだ。

J・W・V・ゲーテ
（1749～1832年）小説家・政治家

ここにおいて、保守と自由主義は共闘できるのです。

近代とは、平等と自由の拡張運動です。

平等の拡張が全体主義という野蛮を生み出した過去を誠実に反省するなら、それは自由をも検討の対象にしなければならない。そして、バークが言うように「秩序によって制御されない自由は自由自体を破壊してしまう」ことを、歴史に学ぶべきなのである。

マイケル・ポランニー（一八九一～一九七六年）も自由の自己破壊（たとえば反権威主義、アナーキズム）の危険性を指摘しましたが、道徳的なもの、宗教的なものを見失い、「物質的必然性」しか信じられなくなったとき、新しい形の狂信があらわれる。行き場を失った道徳は暴力につながる。

これがポランニーが「道徳的反転」と呼んだものです。

自由の取り扱いを間違うと危険です。

歴史家のエドワード・ハレット・カー（一八九二～一九八二年）は言います。

「経済的合理性」という観念を、経済政策が立派なものであるかどうかを検討し判断する客観的で確実な規準にしようという試みが行なわれて参りました。しかし、この試みは忽ち駄目になります。古典的経済学の法則で育てられた理論家たちは、計画というのは、そもそも合理的な経済的過程に対して非合理的な侵入をすることだと非難しています。

（中略）

私としては、根本的に非合理的だったのは、統制もなく組織もない自由放任の経済で、計画というのは、この過程に「経済的合理性」を導入しようという試みである、という逆の議論の方に共鳴するのです。しかし、ここで私が主張したいと思うただ一つの論点は、抽象的な超歴史的な基準を打ち樹《た》てて、それで歴史的行為を審《さば》くことは出来ないということであります。（『歴史とは何か』）

ここでカーが指摘しているのは、保守の本質でもある。

歴史の背後に超越的な説明原理を打ち立てることに対する批判です。

先ほども説明したとおり、アメリカの特殊な保守観にかぶれた自称保守が、近代イデオロギーにより伝統の解体を図っているのが現在です。彼らはフランス革命の理念である「平等」を批判する一方、自由の暴走を批判できない。

近代を理解していないからです。

ハイエクと自由主義

だいぶ前の話ですが、新宿の飲み屋で「適菜さん、保守の本質は設計主義批判ですよね」と話しかけられたことがあります。

「ん？」と思いましたが、とっさのことだったので、「そうですね」と答えました。

しかし、保守は「設計」に対する過信を戒めるものの、それ自体を拒絶するものではない。

「設計主義」は経済学者のフリードリヒ・ハイエク（一八九九～一九九二年）がつくった言葉ですが、要するに彼は「ハイエクは保守主義者だ」と言いたかったのでしょう。

よくありがちな誤解ですね。

自称保守のB層が、新自由主義的なものに引き摺り込まれてしまうのも、ここらへんに理由がある。

ハイエクは全体主義（ナチスや共産主義）を「設計主義」という言葉で批判し、自由な経済活動を擁護しました。市場経済には均衡へ引き戻そうとする内生的、自己生成的な力があるというわけです。

彼は伝統や地域共同体の重要性を説きましたが、それは政府の介入を批判する文脈においてであり、保守主義のそれとは少々異なります。

また、保守主義を否定したのは有名な話。

主著『自由の条件』刊行後、わざわざ「追論」として「なぜわたくしは保守主義者ではないのか」という文章を書いています。

――しかしわたくしが明らかにしようとしてきた立場は、しばしば「保守的（conservative）」と説明されることがあるとしても、その立場は伝統的にこの名称をつけられてきたものとはまったく異なるものである。自由の擁護者と真の保守主義者とを、それぞれの異なった理想を等しく脅かす動きにたいして、共同で反対させている状態から生じる混同は危険である。

ここでハイエクが「等しく脅かす動き」と述べているのは、全体主義のことですね。ハイエクはまず自分は保守主義者ではないと宣言したうえで、保守主義の「決定的な欠点」を並べ立てる。

――保守主義は時代の傾向にたいする抵抗により、望ましからざる発展を減速させることには成功するであろうが、別の方向を指し示さないために、その傾向の持続を妨害することはできない。

――しかし自由な成長にたいする保守主義者の讃美は一般に過去についてのみである。かれらに典型的に欠けているのは、人間の努力による新しい手段を生みだすのと同じ、設計されざる変化を歓迎する勇気である。

このことから保守主義的性質と自由主義的性質の根本的に異なる第一の点が引きだされる。保守主義的な著述家がしばしば認識していたように、保守主義的態度の基本的特性の一つは変化を恐れること、新しいものそれ自体にたいする臆病なほどの不信である。

こうしたハイエクの批判は自由主義者の典型的な偏見である。オークショットが言うように、保守とは変化に適応する手続きを踏むということである。ハイエクはある種の天才ですから、保守主義の本質を正確に見抜いたわけですが、そこは保守主義の欠点ではなく優れた点にすぎない。つまり、歴史に法則を見出さないということです。

ハイエクは「信頼」「勇気」「確信」という言葉を多用する。

――一方、自由主義の立場は勇気と確信にもとづき、どのような結果が生じるかを予測できなくても、変化の方向をその進むにまかせる態度に基礎をおいている。

――わたくしは以前に、多数者支配を目的ではなく手段にすぎないとみなすこと、あるいはお

——そらくわれわれが選択しなければならない政府の形態のうちでもっとも災いの少ないものとさえみなすことを明らかにした。

——すなわち率直に表現すれば、保守主義の非啓蒙主義に問題があるとわたくしは個人的に思っている。

——われわれの文明を変化させている思想はいかなる国境をも顧慮しないという事実を、保守主義者は変更することはできない。

こうしたナイーブな信仰表明を保守、すなわち《常識人》が受け入れることはない。

「どのような結果が生じるか」予測できないことは、「変化の方向」をその進むにまかせてはいけないと考える。保守は「一つの未来像から生れた変革」（オークショット）を信用しない。変化自体を拒絶するのではなく、変化によって得られるものと失われるものを慎重に確認する。

ハイエクの思想全体を批判するつもりはありません。

ただ、彼自身が「わたくしの信奉する思想」と述べたとおり、自由主義が信仰の一種であることを確認しておきたいだけです。

ハイエクは保守主義には「一般的原則」「社会理論」「一般的概念」がないからダメだと言う。当たり前でしょう。保守主義は「一般的原則」「社会理論」「一般的概念」を警戒する態度のことなのですから。

こうして際限なき自由の弊害に対する過小評価、市場主義に対する過剰評価が発生する。自由の過信は設計主義的なものに近づいていく。三島の言う「世界観的な政治の摸倣」という現象だ。

評論家の中野剛志は言う。

もっとも、ハイエクもまた、合理主義を批判してきたことで知られている。彼は、共産主義の計画経済の基礎にある合理主義の認識論的な誤謬を激しく攻撃してきたのであり、その点でオークショットなど保守主義者と共闘しうるのは事実である。また、そのことは、ハイエクの思想が保守主義とみなされてきた理由のひとつでもあろう。

だが、実際には、ハイエクもまた、理論が導き出した一般原則に忠実に従って統治を行うべきだと考えていたのである。ハイエクの自由主義とは、共産主義とは別種の「政治における合理主義」であったのだ。そのことに気づいていたオークショットは、ハイエクの主著『隷従への道』を、こう評している。「あらゆる計画に抵抗する計画というのは、その反対のものよりもましかもしれないが、結局、同じ政治のスタイルに属しているのである」。（『保守とは何だろうか』）

近代とは歴史的に生成された秩序、慣習、共同体、伝統を破壊する運動です。

その一端を自由主義が担ってきた過去を振り返ったとき、保守を名乗る人間は「なぜわたくしは自由主義者ではないのか」を言語化する必要があります。

B層とはなにか？

私はこれまで『ゲーテの警告』『ニーチェの警鐘』『日本をダメにしたB層の研究』『日本を救うC層の研究』をはじめとするB層シリーズを書き続けてきました。ここでは「B層」について簡単に解説しておきますが、すでに理解されている方は飛ばして読んでください。

B層とは、大衆社会の成れの果てに出現した、今の時代を象徴するような愚民です。「マスコミ報道に流されやすい『比較的』ＩＱ（知能指数）が低い人たち」です。

これは私の造語ではありません。

B層は、二〇〇五年九月のいわゆる郵政選挙の際、自民党が広告会社に作成させた企画書

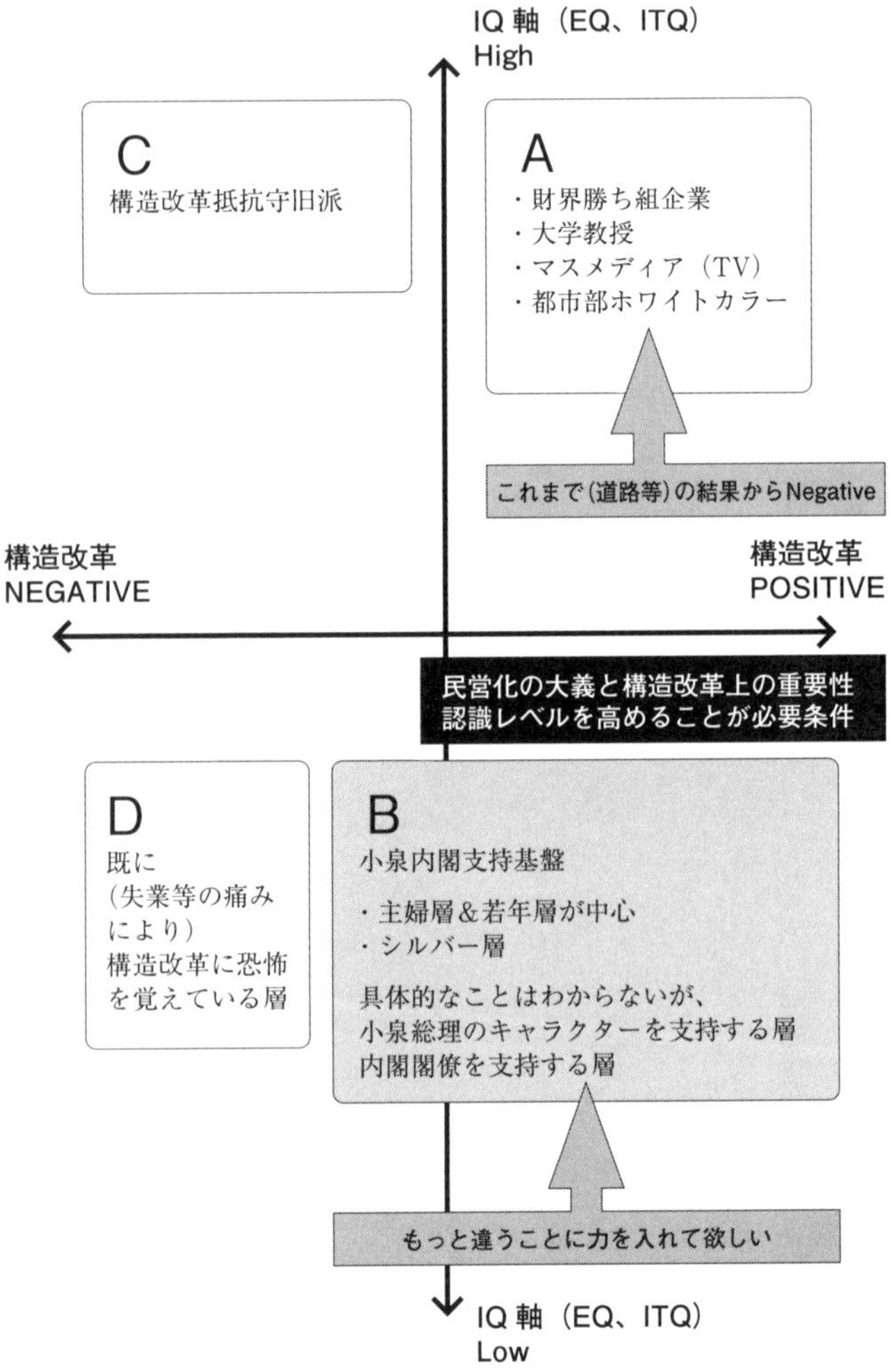
IQ軸（EQ、ITQ）
High
C
構造改革抵抗守旧派
A
・財界勝ち組企業
・大学教授
・マスメディア（TV）
・都市部ホワイトカラー
これまで（道路等）の結果からNegative
構造改革
NEGATIVE
構造改革
POSITIVE
民営化の大義と構造改革上の重要性
認識レベルを高めることが必要条件
D
既に
（失業等の痛み
により）
構造改革に恐怖
を覚えている層
B
小泉内閣支持基盤
・主婦層＆若年層が中心
・シルバー層
具体的なことはわからないが、
小泉総理のキャラクターを支持する層
内閣閣僚を支持する層
もっと違うことに力を入れて欲しい
IQ軸（EQ、ITQ）
Low

「郵政民営化・合意形成コミュニケーション戦略（案）」に登場する概念です。

この企画書では、国民をA層、B層、C層、D層に分類して、「構造改革に肯定的でかつIQが低い層」「具体的なことはよくわからないが小泉純一郎のキャラクターを支持する層」をB層と規定しています。（右ページの図参照）

郵政選挙では、このB層に向けて「改革なくして成長なし」「聖域なき構造改革」といった小泉のワンフレーズ・ポリティクスが集中的にぶつけられました。

「郵政民営化に賛成か反対か」

「改革派か抵抗勢力か」

このように問題を極度に単純化することにより、普段モノを考えていない人々の票を集めたわけです。小泉自民党はマーケティングの手法を駆使することで圧勝しましたが、これはナチスなどの全体主義政権下で確立された手法でもあります。

大衆は気分で動きます。

そこで短いセンテンスを繰り返すことにより、運動を盛り上げていく。

また、小泉は靖国神社を利用し、B層のナショナリズムを煽ることで勢力を伸ばしました。

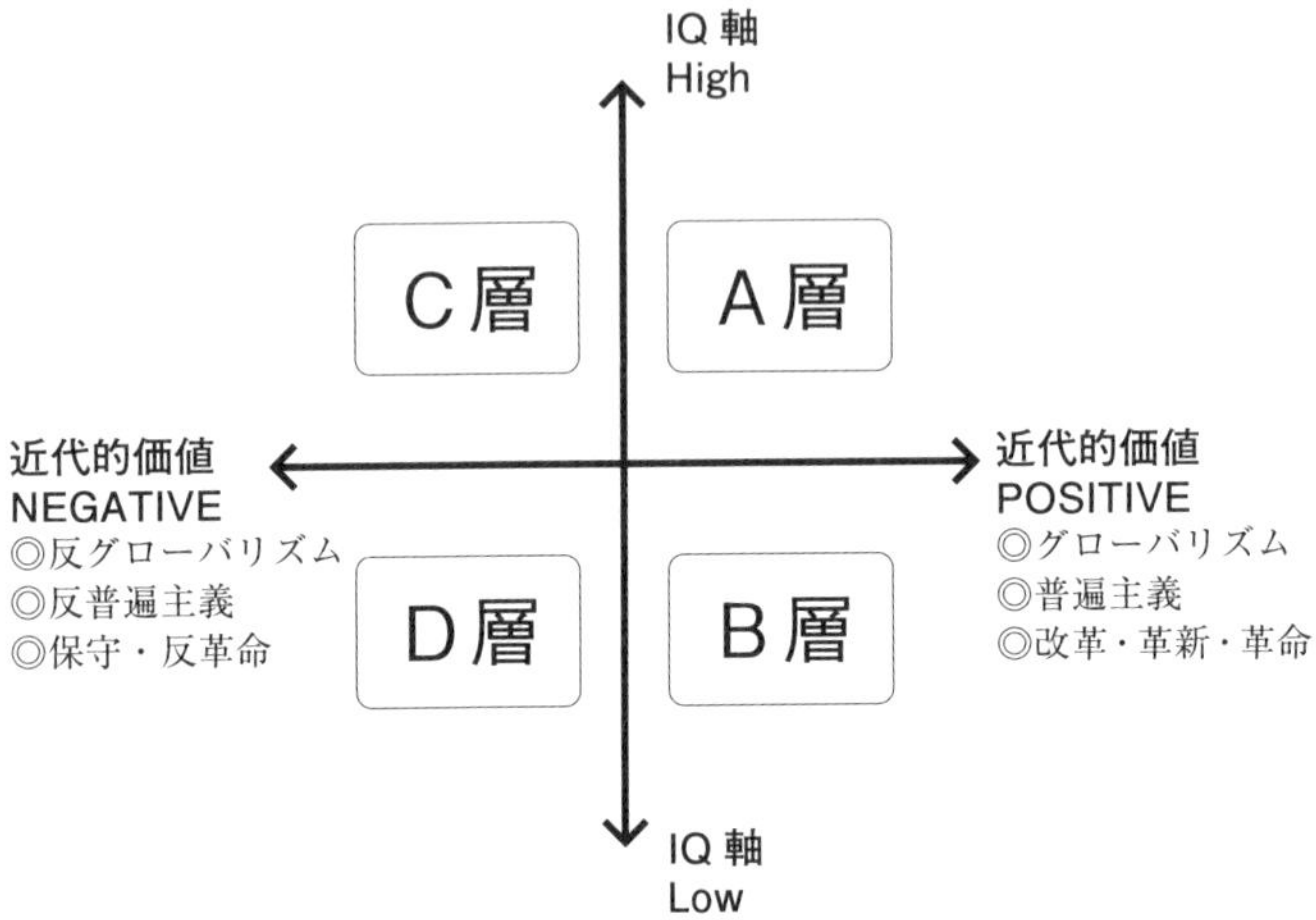

この企画書のマトリクスは「国民を愚弄している」と批判されましたが、今の時代を分析するうえで重要な意味を含んでいます。

縦軸（ＩＱ）は説明するまでもありませんが、横軸（構造改革に対する姿勢）は「日本固有のシステムを国際基準に合わせることに対する是非」「グローバリズムに対する姿勢」と捉えることができます。

さらに深部を読み取れば「近代的諸価値を肯定するのか、警戒するのか」と読み替えることもできる。そうすると、Ｂ層は《近代的諸価値を妄信するバカ》《改革バカ》ということになります。（上の図参照）

平等主義や民主主義、普遍的人権などを信じ込んでいる人たちですね。

重要な点は、Ｂ層が単なる無知ではないこ

とです。

彼らは、新聞を丹念に読み、テレビニュースを熱心に見る。そして自分たちが合理的で理性的であることに深く満足している。

その一方で、歴史によって培われてきた《良識》《日常生活のしきたり》《中間の知》《教養》を軽視するので、近代イデオロギーに容易に接合されてしまう。

なにを変えるのかは別として、《改革》《変革》《革新》《革命》《維新》といったキーワードに根無し草のように流されていく。彼らは、権威を嫌う一方で権威に弱い。テレビや新聞の報道、政治家や大学教授の言葉を鵜呑みにし、踊らされ、騙されたと憤慨し、その後も永遠に騙され続ける存在がB層です。

オルテガが『大衆の反逆』で描いたような「超デモクラシーの勝利」「大衆の政治権力化」の成れの果てに、新しい暴力を生み出す主体がB層なのです。

第二章　ミシマの警告

民主主義と議会主義

三島は、大学紛争が盛り上がった一九六八年から六九年にかけて、早稲田や一橋、茨城大、東大などで大学生との討論に応じています。

対話の様子が全集に載っているので、一応全部読みましたが、私だったらちょっと耐えられない。無知で自意識過剰な学生たちと三島の議論はほとんどかみ合っていない。

徳岡孝夫さんの本（『五衰の人　三島由紀夫私記』）に、三島がバンコクのバーで偶然出会ったアメリカ人の観光客相手に日本の国防問題を熱心に語るシーンが出てくるが、すごく律儀な人だったのでしょう。犬に説教しても仕方ないのに。

三島は一橋大学の講演で、「完全な民主主義の実現が必要だ」というナイーブな学生に対し、それが全体主義につながることをやさしく説明します。

> 民主主義というのは非常にペシミスティックな政治思想です。そして人間は相許さないものだ、意見は違うものだ、ほっとけば殺し合うものだ、なんとかこれを殺し合せないで、国会議事堂というところに連れてきて、つかみ合いぐらいならさせておけばいいのだ。そしてお互いに議論をし、この中からまあまあましというものをとればいいのだ。

（中略）

純粋民主主義なんてあなたの考えるのは、地上にかつて存在したことがない。そして、それに向っていくら努力したって、あなたの一生は無駄だ。我々はペシミズム——人間がどうしてこんなにむずかしい存在なのか、どうしてこんなに扱いにくいものであるかという地点から出発し、そんな人間の集まりの中で少しでもよい政治思想というものを考えて、民主主義を発明した。私がいうのは、その民主主義が最高の、あるいは最終的な政治思想ではないということ。（「国家革新の原理」）

ここで三島が「純粋民主主義」と対比させて語っている「民主主義」とは「議会主義」のことです。

議会主義（間接民主主義）と民主主義はまったく別物です。

同じような話を私はこれまでの著書で何度も繰り返してきましたので、ここでは最小限の説明に抑えますが、選択原理が働く代議制は貴族政に分類されます。要するに、単なる多数決原理ではなくて知性を介在させるわけですね。議会では、熟議、合意形成、利害調整が重視されなければならない。

また、選挙は党に全権を委任するものではありません。「選挙では国民に大きな方向性を示して訴える。ある種の白紙委任だ」などと言う頭のおかしな政治家もいますが、第一党がやりたい放題できるなら議会は必要ない。

「民主主義は小国では可能だが、人口の多い大国には向いていない」「全員参加の政治は不可能だから、選挙による代議制を選択するしかない」という説明がよくありますね。

学校ではそう教わるかもしれません。

でも、それは違います。

インターネットが進化した現在では、「全員参加の政治」は技術的に可能かもしれない。それをやらないのは、民主主義が根本的に間違っているからです。

民主主義の起源は、古代ギリシャの一部（アテネなど）で行われていた民主政です。そこでは民衆に市民権が与えられ、民会と呼ばれる議場に有権者が直接参加した。民衆裁判所も設置され、くじで選出された陪審員が裁判を行った。

この民主政を全否定したのが当時の賢人だった。

ソクラテス（紀元前四六九年頃〜紀元前三九九年）もプラトン（紀元前四二七〜紀元前三四七年）も、政治は賢者が行うべきだと説きました。

民衆支配が始まれば、世論を動かすデマゴーグが活躍します。

アテネの衆愚政治化は必然でした。

一方、民主主義が人類の歴史に登場するのは一八世紀のことです。紀元前に発生した古代ギリシャの民主政が単なる政治制度だったのに対し、民主主義はキリスト教から派生しています。

ルソーらに代表される啓蒙思想家は、自然権（人間が生まれつきもつ普遍的権利）なる概念をもとに人民主権を唱えます。自由、平等、人権といった諸価値は次々と神格化されていく。いわゆる天賦人権説ですね。

それがフランス革命などの蛮行につながったのはご存知のとおりです。

歴史家のモーゼス・フィンリー（一九一二～八六年）も指摘していますが、民主主義が危険なイデオロギーであることは西欧では《常識》でした。だから、しばらく前までは、民主主義はアナーキズムと同様、狂気のイデオロギーに分類されていた。

シャルル・ド・モンテスキュー（1689～1755年）哲学者

議会主義、および三権分立や二院制などの仕組みは、民主主義を封じ込めるために整えられてきたものです。シャルル・ド・モンテスキュー（一六八九～一七五五年）が制限選挙を説いたのもこうした事情によるものです。

なぜ人間は平等になったのか？

ニーチェが指摘するように、民主主義の根本にあるのは「神の前での霊魂の平等」というキリスト教神学です。

　いま一つ別の、これにおとらず気のふれた概念が、現代精神の血肉のうちへとはるかに深く遺伝された。それは、「神のまえでの霊魂の平等」という概念である。この概念のうちには平等権のあらゆる理論の原型があたえられている。人類はこの平等の原理をまず宗教的語調で口ごもることを教えられたが、のちには人類のために道徳がこの原理からでっちあげられた。人間がこの原理を本気で受けとり、それを実践的に解することで終わったとて、何の不思議があろう！　――言ってみれば、それは、政治的に、民主主義的に、社会主義的に、悲憤のペシミズム的に解されたのである。（『権力への意志』）

　ここでは「神のまえでの人間の価値の平等」という概念がこのうえなく有害である。それ自体では強い天性の者たちの特権に属する行為や心術が禁ぜられた、――あたかもそれらはそれ自体で人間の品位にふさわしくないものででもあるかのように。最も弱い者（お

――のれ自身に対してもまた最も弱い者）の防御手段が価値規範として立てられたことによって、強い人間の全傾向が悪評をこうむった。（同前）

それは必然的に多数者による専制、例外的人間への攻撃につながります。

二〇世紀に入り、民主主義は一種の世界宗教のように拡大していく。

アレクシス・ド・トクヴィル（一八〇五〜五九年）が予言したように、「市民が互いに平等で似たものになるにつれて、ある特定の人間、ある特定の階級を盲目的に信ずる傾向は減少する。市民全体を信用する気分が増大し、ますます世論が世の中を動かすようになる」。

（『アメリカのデモクラシー』）

トクヴィルはさらに言う。

――平等は人を同胞市民の一人一人から独立させるが、その同じ平等が人間を孤立させ、最大多数の力に対して無防備にする。

――境遇が平等な国民に絶対的専制的政府を樹立することはそうでない国民に比べて容易だと思う。そしてそのような国民の下に一度そうした政府が立てられると、その政府は人々を抑圧するだけでなく、長い間には一人一人から人間の主要な属性のいくつかを奪おうとするであろう。私はそう考えている。

専制はだから民主的な世紀には特別恐るべきもののように思われる。


三島もこうした議論の流れを正確に理解しています。


そうして私は近代日本が摂取した西欧文明のうちで、もっとも害悪あるものを、キリスト教と見做している。

（中略）

キリスト教道徳は根本的に偽善を包んでいる。それは道徳的目標を、ありもしない普遍的人間性ということ、神の前における人間の平等に置いているからである。（「女ぎらいの弁」）


三島は「政治に理想はない」というところから出発すべきだと考えた。

近代国家においては権力の正統性を国民に置いている。

国民主権というわけだ。

しかし、それは建前であり、民主主義を採用したら国は即時に崩壊する。だから、議会主義、三権分立、二院制といった権力の集中を制御するシステムが必要になる。

これら「妥協の産物」「相対的な技術」を守らなければならないというわけだ。B層は「民主主義＝善」という教義に洗脳されているうえ、民主主義と議会主義の区別もついていない。私が民主主義の問題点を指摘すると、「お前は民主主義を否定するのか！」と騒いだりする。

この場合、彼らの言う「民主主義」とはたいてい「議会主義」のことなんですね。それで「え？」と話がかみ合わなくなる。

さすがの三島も、学生のバカさ加減に呆れ返ったのでしょう。こんな文章も残してる。

青年は人間性の本当の恐しさを知らない。そもそも市民の自覚というのは、人間性への恐怖から始まるんだ。自分の中の人間性への恐怖、他人の中にもあるだろう人間性への恐怖、それが市民の自覚を形成してゆく。互いに互いの人間性の恐しさを悟り、法律やらゴチャゴチャした手続で互いの手を縛り合うんだね。

（中略）

だからこの際、東大を人間性の完全な解放区、つまり動物園にして、気づかない青年たちの〝完全なる自治〟に委ねる。そのときいかなる事態が生ずるか。身をもって学生たちに体験させる。イヤでも気づくだろうさ。（「東大を動物園にしろ」）

三島が死んだのが一九七〇年、連合赤軍の山岳ベース事件は一九七一年、あさま山荘事件は一九七二年である。なお三島はこんなエピソードを紹介している。

コクトオが「阿片《アヘン》」のなかで、モスコオのある寄宿舎の女監が子供たちに、「皆さんの警察は皆さんでなさい。ものを判断することを覚えなさい。仲間に悪いことをする者があったら、皆さんの手で罰しなさい」と言ったところが、たちまち明る朝、一人の生徒が仲間の手で首を縊《くく》られてぶら下っているのを発見した、という話を書いている。（「巻頭言」）

愛国とはなにか？

ここしばらく愛国心を煽るような動きが続いています。

書店に行けば、「日本はこんなにすごいんだ」と自画自賛する本が並んでいる。

韓国人の自画自賛を「ウリナリズム」と笑っていた連中に限って、そういうものに飛びついたりする。

これは普通に考えれば、自信の喪失でしょう。

自分の能力に確信があれば、自画自賛する必要はないわけですから。

「あまりに自虐史観が蔓延《はびこ》っているからその反動だ」という言い方もありますが、結局はぬるま湯につかりたいだけ。

三島は愛国心を嫌いました。

ジャン・コクトー
（1889～1963年）小説家・詩人

実は私は「愛国心」という言葉があまり好きではない。何となく、「愛妻家」という言葉に似た、背中のゾッとするような感じをおぼえる。この、好かない、という意味は、一部の神経質な人たちが愛国心という言葉から感じる政治的アレルギーの症状とは、また少しちがっている。ただ何となく虫が好かず、そういう言葉には、できることならソッポを向いていたいのである。

この言葉には官製のにおいがする。また、言葉としての由緒ややさしさがない。どことなく押しつけがましい。反感を買うのももっともだと思われるものが、その底に揺曳している。

（中略）

愛国心の「愛」の字が私はきらいである。自分がのがれようもなく国の内部にいて、国の一員であるにもかかわらず、その国というものを向う側に対象に置いて、わざわざそれを愛するというのが、わざとらしくてきらいである。（「愛国心」）

この感覚はすごくよくわかります。「われわれ愛国者は！」と叫ぶ人たちが気持ち悪いのは、国を愛する対象として捉えているからですね。つまり、自分の身体と直結していない。**つまり、これは歴史と切断されてしまった大衆の言い方なんですね**。

それでご都合主義の愛国になる。

私は以前「トピック右翼」という言葉をつくったことがあります。たとえば「従軍」慰安婦とか南京大虐殺とかGHQ憲法制定の過程とか個別のトピックには詳しいけど、全体の歴史観、国家観がどこか変な人たち。「真実の歴史」なる模範解答を暗記し、大声で唱え続ける人たち。「愛国」とか言いながら国境や国籍を否定する妙ちくりんなグローバリストを支持していたり。

三島は言います。

今さら、日本を愛するの、日本人を愛するの、というのはキザにきこえ、愛するまでもなくことばを通じて、われわれは日本につかまれている。だから私は、日本語を大切にする。これを失ったら、日本人は魂を失うことになるのである。戦後、日本語をフランス語に変えよう、などと言った文学者があったとは、驚くにたえたことである。

低開発国の貧しい国の愛国心は、自国をむりやり世界の大国と信じ込みたがるところに生れるが、こういう劣等感から生れた不自然な自己過信は、個人でもよく見られる例だ。私は日本および日本人は、すでにそれを卒業していると考えている。ただ無言の自信をもって、偉ぶりもしないで、ドスンと構えていればいいのである。そうすれば、向うからあいさつにやってくる。貫禄というものは、からいばりでつくるものではない。

そして、この文化的混乱の果てに、いつか日本は、独特の繊細鋭敏な美的感覚を働かせて、様式的統一ある文化を造り出し、すべて美の視点から、道徳、教育、芸術、武技、競技、作法、その他をみがき上げるにちがいない。できぬことはない。かつて日本人は一度そういうものを持っていたのである。(「日本への信条」)

三島が期待を込めて語ったことは、裏切られたと言っていい。

日本語は徹底的に破壊された。

愛国者を名乗る「売国者」が、のさばっているのが現在だ。

しまいには、アメリカ帰りのバカ官僚が「一流国立大学の授業の五割以上を英語で行え」などと言い出した。文部科学省は人文社会系の学部の廃止を露骨に求めている。旧帝大をはじめとする国立大学は、本来エリートの養成機関であり、人材派遣ビジネスではない。まずは「効率」「改革」「社会のニーズ」「成長戦略」などと言いながら、国の根幹を破壊しようとしている連中を駆逐するのが真の愛国だろう。

大衆社会と精神の豚

近代に発生した「大衆」の最終的な姿。それがB層です。

メディアに流されやすいバカ、価値判断ができない人たち。

素人であることを誇りに思い、知らないことに口を出し、それを正義だと信じ込んでいる。

「大衆と呼ぶのは上から目線だ」みたいなことを言う奴が、典型的な大衆です。

なぜなら、階級社会、身分社会が崩壊し、「上から目線」が成立しなくなった近代において発生したのが大衆であるからです。

拠りどころを失い、バラバラになってしまった個人。

都市に流入し、水面に浮かぶ根無し草のように簡単に流されていく人々。

これが大衆です。

大衆は労働者や貧乏人のことでもありません。

オルテガの定義によれば「自分自身に特殊な価値を認めようとしない人々」「自分が周囲の人々と価値観が同じであることに喜びを見出すような人々」です。

彼らは、「自分自身が凡庸であることを自覚しつつ、凡庸であることの権利を主張」し、「自分より高い次元からの示唆に耳をかすことを拒否」する。

なにを言っても「うるさい」「権威主義だ」の一言で拒絶するような人たちですね。

三島は言います。

大衆社会化については、僕が書いた「林房雄論」のなかでも言ったが、これから「敵は俗衆だ」ということを書いたことがありました。あの本を書いたときに予感としてあったのは、かなりいま現実に出てきましたけれどもね。これは、インダストリアリゼーションの必然的結果で、工業化の果てに、精神的空白なり荒廃がくるというのは、どこの国でも同じ現象だと思います。(「対話・日本人論」)

これこそが、現在わが国が抱えている問題です。

戦後、日本人は、精神的なものを蔑《ないがし》ろにし、工業化だけを追求してきた。金儲けに夢中になり、大事なことを忘れてしまった。

現在の政治的混乱の背後には、価値の混乱という現象があります。

三島は言います。

今この危機感が全然ないというような時代になってきて、今、世界中で一番呑気なのは日本かもしれないんですが、日本に果たして、こういう危機がもし生じた場合、対処するような大きな精神的基盤があるだろうか。いや、日本人は大丈夫だ、日本人というのは放っておいても、いざという時にやるさ。ところが、放っておくうちにですね、お腹の脂肪が一センチずつだんだんだんだん膨らんでくるのが、皆さんの体験的事実としてご存じだと思うんです。そして、人間というのは豚になる傾向もっているんです。(「我が国の自主防衛について」)

明治以来わが国は、近代啓蒙思想を「永遠普遍の真理」「絶対的な権威」として受容し、「ありがたい教え」として神棚に祀《まつ》った。こうして近代の猛毒がいよいよ脳髄にまで回り、「精神の豚」が暴走を始めた。

この二〇年にわたり、わが国では「民主化」の嵐が吹き荒れました。「民意を問え」「国民の審判を仰げ」「官から民へ」「官僚内閣制の打破」……。こうした言葉が国家の中枢から発せられ、首相公選制、道州制、一院制、裁判員制度といった狂気の政策が平然と唱えられるようになった。

豚は「インダストリアリゼーションの必然的結果」に満足し、同類の豚に声援を送る。

余談ですが「バ行」って罵倒する言葉が多いですよね。バカ、ババア、ビッチ、ブス、豚、ボケ……、そしてB層。

伝統とはなにか？

伝統とは一般に人間の行動、発言、思考を支える歴史的に培われてきた制度や慣習、価値観のことです。保守が伝統を重視するのは、個々の事例における先人の判断の集積と考えるからです。

伝統の重視は、過去の美化ではありません。

そこが復古主義と違うところです。

復古主義者は過去の一時期を理想郷と看做《みな》します。今の世の中よりも戦前のほうがよかったのではないか、あるいは江戸時代がよかったのではないかと。さすがに縄文時代がよかったと言う人は見たことがありませんが、安易に過去に理想を求めてしまう。理想主義という面においては、未来に理想郷を設定する左翼とそれほど変わりません。

保守が過去を重視するのは、未来につなぐためです。だから接点である現実を重視する。ただし、三島は日本と西欧では伝統の観念が違うと言います。

フランス人やイタリー人が伝統の重圧にあえいでいるというと、いかにも実感があるのは、古代や中世以来の石の建築がのこっていて、今の人たちも十八世紀の建物にセントラル・ヒーティングを施して住んでいるからであるが、日本の伝統は大てい木と紙で出来ていて、火をつければ燃えてしまうし、放置《ほう》っておけば腐ってしまう。伊勢の大神宮が二十年毎に造り替えられる制度は、すでに千年以上の歴史を持ち、この間五十九回の遷宮が行われたが、これが日本人の伝統というものの考え方をよくあらわしている。西洋ではオリジナルとコピイとの間には決定的な差があるが、木造建築の日本では、正確なコピイはオ

リジナルと同価値を生じ、つまり次のオリジナルになるのである。京都の有名な大寺院も大てい何度か火災に会って再建されたものである。かくて伝統とは季節の交代みたいなものので、今年の春は去年の春とおなじであり、去年の秋は今年の秋とおなじである。（「アメリカ人の日本神話」）

これは、日本人の伝統の観念の強さでもあり、危うさでもある。

危うさとは「改革」に対する根拠のないオプティミズムである。今年も去年と同じ季節が巡ってくる保証はない。

戦前・戦中・戦後の日本を貫くのは「改革幻想」です。

こうした日本人の体質を、意図的に利用する政治家がいる。彼らは改革派を名乗り、守旧派、抵抗勢力、官僚といった「悪」を設定し、それを駆逐すべしと世情に訴えかける。「改革を進めれば理想社会が到来する」というわけだ。

これはキリスト教と同様のカラクリです。

未来とはなにか？

近代の土壌はキリスト教です。

啓蒙思想とは、理性の光により未開な人間の「蒙《もう》を啓《ひら》く」という運動ですが、おこがましいにも程がある。蒙に閉ざされているのは彼らのほうです。

彼らが語る歴史観は、基本的に終末論です。

つまり歴史には法則があるという妄想です。

キリスト教からゲオルク・ヴィルヘルム・フリードリヒ・ヘーゲル（一七七〇～一八三一年）、カール・マルクス（一八一八～八三年）へ引き継がれたような歴史には段階があるみたいな発想ですね。

これを進歩史観と言ってもいい。

こうしたキリスト教的、左翼的な歴史観を信用しないのが保守です。

人間理性が「進歩」し、理想社会＝地上の楽園＝千年王国がやってくるというのは、信仰にすぎない。

福田恆存は「人類の目的や歴史の方向に見とおしのもてぬことが、ある種の人々を保守派にする」（「私の保守主義観」）と言いました。保守が歴史の背後に「超越的な説明原理」を打ち立てることを拒否するのは、原理が現実を歪めるからです。

三島は言います。

未来社会を信ずる奴は、みんな一つの考えに陥る。未来のためなら現在の成熟は犠牲にしたっていい、いや、むしろそれが正義だ、という考えだ。高見順はそこで一生フラフラしちゃった。

未来社会を信じない奴こそが今日の仕事をするんだよ。現在ただいましかないという生活をしている奴が何人いるか。現在ただいましかないというのが〝文化〟の本当の形で、そこにしか〝文化〟の最終的な形はないと思う。(「東大を動物園にしろ」)

G・W・F・ヘーゲル(1770〜1831年)
哲学者

「現在ただいましかない」というのは、目的を捨てることでも、刹那主義的に生きることでもありません。自分の背後に、過去の無限の蓄積を見出すということです。伝統は自分の中で生きているものであり、そこから切断できるものではない。

三島はこう説明する。

今、私が四十歳であっても、二十歳の人間も同じ様に考えてくれれば、その人間が生きている限り、その人間のところで文化は完結している。その様にして終りと終りを繋げれば、そこに初めて未来が始まるのであります。

われわれは自分が遠い遠い祖先から受継いできた文化の集積の最後の成果であり、これこそ自分であるという気持で以って、全身に自分の歴史と伝統が籠っているという気持を持たなければ、今日の仕事に完全な成熟というものを信じられないのではなかろうか。或いは自分一個の現実性も信じられないのではないか。自分は過程ではないのだ。道具ではないのだ。自分の背中に日本を背負い、日本の歴史と伝統と文化の全てを背負っているのだという気持に一人一人がなることが、それが即ち今日の行動の本《もと》になる。(「日本の歴史と文化と伝統に立って」)

「未来に夢を賭ける」のは弱者の思想である。

彼らはそれにより現実を否定する。

人間は未来に向かって成熟していくものではない。

「人間というものは〝日々に生き、日々に死ぬ〟以外に成熟の方法を知らない」のである。

三島が否定したのは、「歴史の進歩」という妄想に支えられた近代的な人間観です。

こうした意味において、三島はきわめて真っ当な保守主義者でした。

誰に対して語りかけるべきか？

ここまで読まれた方は、こう思われるかもしれません。

「近代の問題はわかった。保守が誤解されてきた経緯もわかった。じゃあ、どうすればいいんだ？」と。

結論から言うと、どうにもなりません。

そう言うと怒る人がいる。

「無責任だ！」

「答えが書いていない！」

「対案を示せ！」

しかし、何度も述べたとおり、近代に解答はありません。また、保守は「見とおし」を示す立場に身を置かない。

では、近代について何かを語ることに意味があるのだろうか？

ニーチェの『ツァラトゥストラ』が参考になるかもしれません。

故郷を捨て山に籠もり、自分の精神と孤独に向き合ったツァラトゥストラは、ある日山を下り、群衆に「大地から離れた希望を信じてはいけない」と語りかけた。

しかし、群衆は一切耳を貸さない。

群衆はツァラトゥストラをバカにし、憎んだ。

群衆には言葉は届かない。

ツァラトゥストラは、自分が語りかけるべき相手は、ごく少数の「仲間」「一人で生きる人たち」だと気づく。

三島は言います。


さらに正確に言えば、われわれは彼らの未来を守るのではなく、彼らがなお無自覚でありながら、実は彼らを存在せしめている根本のもの、すなわち、わが歴史・文化・伝統を守るほかはないのである。これこそは前衛としての反革命であり、前衛としての反革命は世論、今や左も右も最もその顔色をうかがっている世論の支持によって動くのではない。

われわれは先見によって動くのであり、あくまで少数者の原理によって動くのである。

したがって反革命は外面的には華々しいものになり得ないかもしれないが、革命状況を厳密に見張って、もし革命勢力と行政権とが直結しそうな時点をねらって、その瞬間に打破粉砕するものでなければならない。このためには民衆の支持をあてにすることはできないであろう。いかなる民衆の罵詈讒謗《ざんぼう》も浴びる覚悟をしなければならない。(「反革命宣言」)


群衆は三島に対しても騒ぎ立てるのだろう。

「余計なお世話だ」

「市民の力を軽視するな」

「みっともないヒロイズム」

「ドツボにはまる視野狭窄」

しかし、そんなものを相手にする必要はない。時間の無駄ですから。

「革命勢力と行政権とが直結しそうな時点」とは、次章で述べるようにまさに今現在である。必要なのは、たとえ一人でも世論に抵抗を続けることだ。

三島は言います。


世論はいつも民主社会における神だからである。われわれは民主社会における神である世論を否定し、最終的には大衆社会の持っているその非人間性を否定しようとするのである。(同前)

第三章　安倍政権を支持するB層

シンガポール化する日本

先日久しぶりに新宿を歩いたのですが、すごく変な街になっていました。昔から雑然としたところですが、ほとんど国籍不明状態。白人や中国人も多い。コマ劇場の跡地に大きなビルが建ち、新しいホテルも入っていた。どこかで見た光景だと思ったら、シンガポールでした。

私は仕事の関係でシンガポールに二〇回くらい行っています。

ここしばらく、シンガポールでは異常な土地バブルが発生し、雨後の筍のように新しいビルがどんどん建っている。

お金も有り余っているようで、二〇〇八年には、シンガポール・フライヤーという無闇に大きな観覧車が完成。二八人乗りのゴンドラが二八台回っている。設計したのは建築家の黒川紀章（一九三四〜二〇〇七年）。一周するのに三〇分かかるので、途中でトイレに行きたくなったら地獄です。総合リゾートホテルのマリーナ・ベイ・サンズ周辺には、カジノ施設やエアコンの利いたドームのある巨大植物園もできていました。

以前のシンガポールには、薄暗く、中華料理と香のニオイがたちこめる怪しげなビルがたくさんありましたが、次々と壊され、新しいビルになっていく。ピカピカだけれど面白くない。

どこも同じようなレストランが入り、スターバックスやマクドナルドが入り、お馴染みのブランドが入る。金太郎飴のような街。

二〇一三年七月二六日、総理大臣の安倍晋三はシンガポールでこう言いました。


「オープン」、「チャレンジ」、「イノベーション」。常に、私たちの改革を導くキーコンセプトです。

もはや岩盤のように固まった規制を打ち破るには、強力なドリルと、強い刃が必要です。自分はその、「ドリルの刃」になるんだと、私は先に、ロンドンで言いました。

もう一度、同じことを言います。電力や農業、医療分野で規制の改革を進め、新たなサービス、新しい産業を興し、日本経済の活力を、そこから引き出します。

安倍晋三（1954年～）
内閣総理大臣（第90・96・97代）

規制改革のショーケースとなる特区も、総理大臣である私自身が進み具合を監督する「国家戦略特区」として、強い政治力を用いて、進めます。

（中略）

世界一、ビジネス・フレンドリーな国にしたいと、私たちは言い続けています。この点、シンガポールに追いつき、できれば追い越したい。真剣に、そう思っています。

お集まりの皆さん、皆さんの投資を、日本は歓迎します。

この発言を知ったとき、なんとも言えない暗い気持ちになりました。

なぜ、長い歴史をもつ日本がシンガポールのような人工国家、独裁国家を目指す必要があるのか？

これはシンガポールに対するリップサービスではない。日本に外資を呼び込み、女性を労働力として駆り立て、シンガポールのような移民国家、多民族国家にするという明確な意思表示です。

私がすぐに思い出したのは三島が自決の四ヵ月前に残した言葉です。

私はこれからの日本に大して希望をつなぐことができない。このまま行ったら「日本」はなくなってしまうのではないかという感を日ましに深くする。日本はなくなって、その代わりに、無機的な、からっぽな、ニュートラルな、中間色の、富裕な、抜目がない、或る経済的大国が極東の一角に残るのであろう。それでもいいと思っている人たちと、私は口をきく気にもなれなくなっているのである。（「果たし得ていない約束」）

「アベノミクス」なる金融政策により、安倍政権下で株価は上昇した。

しかし、その背後で、日本はどのような国になってしまったのか？

ちなみに、アメリカの調査会社ギャラップが二〇一二年に発表した日常生活の「幸福度」調査で、シンガポールは一四八ヵ国中最下位だった。

安倍晋三は「保守」なのか？

私から見ると、安倍は保守の対極に位置する人間なのですが、世間から「保守」と思われているメディア（たとえば読売新聞や産経新聞、『正論』や『ＷｉＬＬ』のような雑誌）の読者層から支持されているようです。

これは非常に不思議な現象です。

安倍は二〇〇六年の第一次政権のときから、保守とは思えない政策を打ち出してきたからです。

小泉純一郎（1942年〜）
内閣総理大臣（第87・88・89代）

「安倍さんは大局を考えて動いている」「経済政策が変なのは、財務官僚や竹中平蔵に騙されているだけ」などと一部では擁護されているようですが、安倍は、二〇〇六年九月二六日の総理就任演説で「はっきりと申し上げておきたい」と前置きしたうえで、小泉構造改革路線を「しっかりと引き継ぎ」、「むしろ加速させ」ると発言しています。

「竹中先生は愛国者」という安倍の言葉も残っていますが、要するに、最初から構造改革論者なんですね。

では、小泉純一郎がやったこととはなにか？

二〇〇一年六月三〇日、小泉はジョージ・W・ブッシュとの会談後に次のように述べています。

「No pain, no gain」という言葉があるが、その痛みを伴うことを恐れて改革を躊躇することは自分はない。（中略）そして、米側があやれ、こうやれともし言ったとしても、自分は別に不快感は感じない。（中略）日本は、外圧によって今まで改革をしてきた。（中略）

> 従って、米国は経済問題や社会問題について日本に対してああした方が良いということがあれば遠慮なく言って欲しい。
>
> 極めてシンプルな対米追従・売国路線です。アメリカの要望通りに国の形を作りかえる。

これを引き継いだのが安倍である。

第一次安倍政権、第二次安倍政権で一貫して行われてきたのは、わが国の解体です。**安倍は「戦後レジームからの脱却」を唱えながら、「戦後レジームの固定化」を図ってきた。**安倍の著書『新しい国へ』には次のようにあります。

> わたしたちは、国家を離れて無国籍には存在できないのだ。
>
> （中略）
>
> 基礎的な単位が必要であり、その単位が国家であるのは自明だろう。にもかかわらず、その国家をバイパスするという感性が育まれた背景には、戦後日本が抱えてきた矛盾が大きく影響している。

まったく同感だ。最終的に国民の生命・財産を守るのは国家である。しかし、安倍が推進するＴＰＰや道州制こそが「国家をバイパスするという感性」によるものではないか。

安倍は続ける。


（前略）ウォール街から世間を席巻した、強欲を原動力とするような資本主義ではなく、道義を重んじ、真の豊かさを知る、瑞穂の国には瑞穂の国にふさわしい市場主義の形があります。（同前）

調子のいいことを言いながら、ウォール街の証券取引所に行けば正反対の言葉を並べ立てる（二〇一三年九月二五日）。


今日は、皆さんに、「日本がもう一度儲かる国になる」（中略）ということをお話しするためにやってきました。

（中略）

私は、日本を、アメリカのようにベンチャー精神のあふれる、「起業大国」にしていきたいと考えています。規制改革こそが、すべての突破口になると考えています。

（中略）

もはや国境や国籍にこだわる時代は過ぎ去りました。

（中略）

日本の消費回復は、確実にアメリカの輸出増大に寄与する。そのことを申し上げておきたいと思います。

（中略）

ウォール街の皆様は、常に世界の半歩先を行く。ですから、今がチャンスです。


あらゆる発言が信じられないほど軽い。

「私が規制なんて取っ払うから、ウォール街の皆さんは一儲けしてくださいよ」「国境や国籍にこだわる古い連中なんて無視すればいい」というわけだ。

安倍は自身のウェブサイトで「闘う保守政治家」などと自称しているが、国境や国籍にこだわらない「保守」とはなんなのか？

三島は言います。


いつも日本では、アイロニカルな形で社会現象が起こっている。いちばん尖鋭な近代をめざすものが、いちばん保守的な、反動的な形態をとったり、一見進歩的形態をとっている

——ものが、いちばん反動的なものである場合もある。(「対話・日本人論」)

戦後民主主義が生み出した無国籍のグローバリスト、もっともグロテスクな売国政治屋に自称保守のB層が声援を送っているのが現在の状況だ。

保守を偽装する人々

私は民主党の政策を新聞や雑誌などで一貫して批判してきました。それが日本の将来のためになるとは思えなかったからです。そして、私の意見に賛同してくれる人も多かった。

ところが、安倍政権が民主党の愚策を引き継ぎ、より急進的に推し進めると、彼らの多くは絶賛をはじめた。そのときわかったのは、彼らは具体的な政策ではなく「民主党」というパッケージ(意匠)を批判していたということです。

B層はパッケージに騙されます。食品の産地偽装事件が発生したときにも書きましたが、彼らは内容よりも見た目や隣人の意見を参考にして判断する。価値判断ができないからです。

かつて鳩山由紀夫は「日本は他の国々に比べて外国人の比率がかなり低いこと自体が大いに問題である」と移民の受け入れを唱え、「保守」から罵倒されましたが、より具体的に移民政策を進めている安倍を「保守」が非難することは少ない。

偏向メディアが安倍のおでこに「愛国シール」を貼っているからだ。

民主党政権が憲法解釈担当大臣を置き、勝手な憲法解釈をしようとしたときも私は批判しましたが、そのとき騒いでいた連中の多くは、安倍のデタラメな憲法解釈を支持している。

二〇一四年七月、官房長官の菅義偉《すがよしひで》が日本外国特派員協会で講演しました。その席でフランス人記者から「自民党は二〇〇九年一二月一六日に民主党政権の政治主導に対して緊急提言をまとめ、国民のものである憲法を一内閣が恣意的に解釈変更することは許されないとしたが、安倍政権は解釈変更した」と指摘され、質問の英訳が終わる前に「それはまったくあたらない」とブチ切れた。一番痛いところを突かれたのでしょう。

結局、民主党も自民党も思考停止したＢ層に支持されていたのですね。

安倍というグローバリスト、戦後民主主義者にメディアが「保守」というおべべを着せて担ぎ上げたことにより、自分の頭で判断することができないＢ層が流されていった。

鳩山由紀夫（1947年〜）
内閣総理大臣（第93代）

自民党が広告会社につくらせたB層の定義（第一章参照）は、「構造改革に肯定的でかつIQが低い層」ですから、B層が安倍を支持したのは正しいと言えば正しいのですが……。
三島は言います。

自民党が戦後単独政権でやってきた理由が十分あると思うのは、いまの日本国民は決してばかじゃない、日本国民は自分が自主独立の国民でありたいという気持ちを一方に持ち、一方では、せっかく生活をここまで繁栄させてきたから楽をしたい、楽をするために安保条約もしようがないじゃないかということはありますね。これを両方引受けてくれるのは自民党しかない。これはロジックとしては両方とも矛盾しちゃうんですよ。安保か独立か、それが普通の整然たる理論です。ところが整然たる理論もなにもなくて、安保もよし、独立もよしという矛盾をかまわずのみ込んでくれる政党は自民党しかない。だから自民党についてきた。（「現代における右翼と左翼」）

これは五五年体制下において派閥が機能していた時代の自民党についての発言です。では、三島の死後、わが国の政治はどのように変わっていったのか。今の安倍政権を三島が見たら、一体なんと言っただろうか？

安倍が目論む移民政策

安倍による一連の反日政策の中でも特にひどいのが移民政策です。

これまでにもこの問題について触れているので、ここでは簡単にまとめておきます。

ＥＵ加盟国は移民の拡大により社会が荒廃し、移民排斥を訴える政党の多くが躍進しています。カナダやアメリカも同様です。

世界各国の指導者が移民政策の失敗を認める中、得意気な顔で移民政策を進めようとしているのが安倍です。

小池百合子（1952～）
政治家

簡単に言えば、これまで自民党や民主党が目論んできた移民政策を、「移民政策と誤解されないよう配慮しつつ」（安倍）、一気に押し通すということですね。

特区を利用したり、「移民と外国人労働者は違う！」などと言いながら、グレーゾーンを拡大するやり方です。ＥＵの例を見ても、移民受け入れの拡大はなし崩し的に進んでいる。

基本的な流れだけ押さえておきます。

二〇〇八年六月、自民党の「外国人材交流推進議員連盟」（会長・中川秀直）が、人口減少問題の解決策として今後五〇年間で一〇〇〇万人の移民を受け入れる提言をまとめている。そこには「移民庁」の設置や永住許可要件の大幅な緩和などが盛り込まれていた。

この議連は、安倍の政権復帰後に「自民党国際人材議員連盟」（会長・小池百合子）として復活。日本の将来の人口を維持するために、毎年二〇万人の移民を受け入れるという愚策はこの延長線上にある。

移民受け入れ推進派の主張をまとめるとこうなります。

①少子化により日本の人口減は避けられない。
②このままでは日本は国際社会での競争力を失ってしまう。
③だから移民を受け入れて合計特殊出生率を人口を維持できる二・〇七まで回復させるべきだ。

バカですね。

普通に考えればわかるが、「人口の維持」とは、移民が子供を産むことを前提としている。つまり、わが国が移民国家、多民族国家に変貌していくことを意味する。

毎年二〇万人の移民を受け入れた場合、一〇〇年後には約五人に一人が移民になる。言葉の壁や文化の摩擦が生じ、皇室への尊敬の念や文化や伝統が変質するだろう。

仮に人口が維持できたとしても、純粋な日本人がいなくなるなら、それは日本と呼べるのか？

三島は言います。

たとえば国を守るということだが、その国とは一体何だ——と質せば国土だという返事がくる。しかし、家庭を守り、家庭の延長としての村を守り、町を守り、府県を守り、それから国を守るという、一連の地域共同体へのつながりがあり、それがさらに天皇陛下につながって、一つ引っ張るといも蔓式に自分と社会、国家というものが一本の綱のようになっていた昔と違って、こういう綱が現代は断たれてしまっている。これは日本が敗戦したからというだけではなく、世界的な傾向としての都市化現象、近代化現象の結果そうなっているのであり、工業化の勢いが前資本主義的地域共同体をばらばらにしてしまったためである。（「栄誉の絆でつなげ菊と刀」）

われわれは「守るべきもの」を見失った。それは「日本というものの特質」「それを失えば、日本が日本でなくなるというもの」である。

三島はこれを「日本精神」と呼んだ。

太古以来純粋を保ってきた一つの文化伝統、言語伝統を守ってきた精神を守るということだ。しかし、その純粋な日本精神は、目に見えないものであり、形として示すことができないので、これを守れといっても非常に難しい。またいわゆる日本精神というものを日本主義と解釈して危険視する者が多いが、それはあまりにも純粋化して考え、精神化し過ぎている。目に見えないものを守れということは、とかく人を追いつめて行くもので、追いつめられると腹でも切るよりほかなくなってくる。

だから私は、文化というものを、そのようには考えない。文化というものは、目に見える、形になった結果から判断していいのではないかと思う。従って日本精神というものを知るためには目に見えない、形のない古くさいものと考えずに、形のあるもの、目にふれるもので、日本の精神の現れであると思えるものを並べてみろ、そしてそれを端から端まで目を通してみろ、そうすれば自ら明らかとなる。そしてそれをどうしたら守れるか、どうやって守ればいいかを考えろ、というのである。（同前）

「日本精神」の破壊が現在白昼堂々行われている。

二〇一三年、「和食・日本の食文化」がユネスコの無形文化遺産として登録された際、内閣広報室は「This is "Washoku", traditional dietary cultures of the Japanese!」という約五分の動画をつくり、全世界に向けて発信した。

安倍が登場し、カメラに向かって和食の魅力を語りかける。

盛り付け方や食べ方までひとつひとつの所作、全体としての調和を重んじる姿勢、お正月をはじめ、季節ごとの行事に合わせて家族や親族、仲間で集い、特別な食事を楽しむ習慣、こうした長い歴史の中で育まれ、受け継がれてきた慣習、食文化にはまさに私たち日本人の心が、すべて詰まっているとも言えます。そして今回のユネスコの登録が世界の人々に和食という文化ひいては日本文化が一層理解され、愛されるきっかけになればこれほど嬉しいことはありません。

安倍は一通り語り終えると、誰もが目を疑う挙に出た。

「それではいただきます」と言うと同時に、目の前にある御飯茶碗を左手で、箸を右手で同時に持ち上げた。さらに箸を宙でくるりと回し、御飯を口に入れ、最後に口からはみ出た米粒を箸で押し込んだ。

わずか三秒くらいの間に、四つ以上のマナー違反を犯している。

ここまで汚らしく食事をする人間をはじめて見た。田舎のチンピラでももう少しは《常識》をわきまえている。六一歳まで生きてきて周囲から注意されることがなかった。そういう人間関係しか築いてこれなかったということでしょう。

安倍は箸をきちんと持つことができません。その一例こそが、わが国の伝統や文化に対する姿勢を示しているのである。

ましてや、これは日本の食文化を海外に紹介する動画だ。

「幼児」に食文化を語らせ、世界に誤解を与える情報を発信する。内閣広報室はわが国に対する悪意でもあるのでしょうか？

恥さらしとしか言い様がありません。

悪魔の証明

私が安倍政権を批判すると、「民主党よりマシだ」と言う人がいます。

しかし、本当にそうなのか？

安倍政権の背景には、この二〇年にわたる政治の腐敗があります。

簡単に振り返っておきましょう。

元凶は小沢一郎でしょう。露骨な形で政治にマーケティングの手法を取り入れ、大衆を誘導した。

一九九四年の政治制度改革の背後にいたのが小沢です。中選挙区制を小選挙区比例代表並立制にしたことで、ポピュリズムが暴走するようになった。

小選挙区制では、基本的に上位二政党の戦いになります。

そこでは、政治家個人の資質よりも、党のイメージが重要になる。党首の人気や減税や福祉の約束、大衆迎合がとにかく重要になります。

また、政治資金規正法をいじったため、政治家個人がカネを集めることができなくなった。党中央に政党交付金が入ることにより、議員の拘束も強まった。

小沢一郎（1942年～）
政治家

こうして政治は急速に劣化します。

小沢が細川護熙《もりひろ》を担いで連立政権をつくった際には、B層というタームこそないものの、完全にその存在が意識されています。小沢は民間PR会社や広告会社をつかって情報戦を仕掛けました。敵対する勢力に「守旧派」のレッテルを貼り、自らを「改革派」と呼ぶことによりB層の改革幻想を利用した。

この手法を踏襲したのが郵政選挙の際の小泉政権で

あり、民主党であり、安倍政権です。

鮨屋でもトンカツ屋でも、代が替わるときが一番危ない。

老舗の二代目とか三代目のアホのボンボンが、地道な仕事を忘れて財テクや事業拡張に走り、結局店をつぶすという光景は日本全国で日常的に見られますが、今、安倍がやっていることはこれです。

考えが足りないから、自民党が戦後積み重ねてきたものを全部壊してしまった。

これから述べますが、安倍は自民党の党是である改憲のロジックも破壊した。

かつての自民党には少数ながらも保守的な政治家が在籍していた。自民党は発足当初から、近代的理念を掲げた革新政党でしたが、「真っ当な日本人」を切り捨てない層の厚さがあった。五五年体制下では、党内における派閥の対立の中で、保守政治はかろうじて生き延びてきた。

しかし、大衆社会化および先述した政治制度の改悪により、自民党から保守的要素は切り捨てられていき、プレーンな都市政党、急進的な革新政党になってしまった。

自民党の支持基盤が変わったのだから、安倍が農協などの中間組織に攻撃を仕掛けたり、家族制度の解体を図ろうとするのも当然です。

安倍は「農政の大改革は待ったなし」「新しい日本農業の姿を描いていく」などと述べ、

農協を一般社団法人に移行させる方針を打ち出しました。

二〇一五年二月一二日には、施政方針演説で「改革」という言葉を三六回も使用。

そこまで「改革」しなければならないほど、日本はダメな国なのでしょうか？

むしろ、歴史や伝統の中に「守るべきもの」の価値を見出すのが普通の人間でしょう。

バカは改革のリスクがわからない。だから、とにかく変えろと言う。しかも、安倍の「改革」の中身はろくでもないものばかり。

基本的に安倍は大嘘つきです。

TPPに参加しないと訴えて選挙をやり、政権をとった途端にTPPに参加することを既定路線のように話し始める。「コメなど重要五項目を聖域として死守する」との約束も嘘だった。「デフレ下の（消費税）増税はしない」という方針も反故《ほご》に。

第一次安倍政権の任期中に靖国神社に参拝できなかったことを「痛恨の極み」と言い、「一国の指導者が、その国のために殉じた人びとにたいして、尊崇の念を表するのは、どこの国でもおこなう行為である」（『新しい国へ』）と述べながら、首相就任後は終戦の日も秋季例大祭も参拝を見送った。

どうしても行けない事情があるなら仕方がない。でもそれなら軽はずみなことをペラペラ喋るべきではない。

国会でもアホ発言のオンパレード。

累次にわたる国連決議に違反をしたのはイラクでありまして、そして、大量破壊兵器がないということを証明できるチャンスがあるにもかかわらず、それを証明しなかったのはイラクであったということは申し上げておきたい。（二〇一四年五月二八日）

いわゆる「悪魔の証明」問題ですね。挙証責任は当然イラクにはありません。かつて小泉純一郎は同じことを国会で言い、世間の笑いモノになり、菅直人からさえたしなめられましたが、文明国の議会でこうした発言がまかり通るのは、本当に恐ろしいことです。基本的にものごとを考える訓練を受けてこなかったのでしょう。

二〇一四年四月二〇日、安倍は「たかじんのそこまで言って委員会」というテレビ番組に出演。

「私はお国のために死ねる。〇か×か？」という質問に対し、△のパネルを上げました。普通の主婦や左翼が「国のためになど死ねないよ」というのはわかります。

しかし、安倍は自衛隊のトップであり、部下を戦地に送り込む立場です。部下は国のために命をかけているのです。トップが「国のために死ねるかどうかわからない」と言うなら、自衛隊員は死んでも浮かばれない。ふざけんなという話です。

言葉の軽い人間、昨日と今日では正反対のことを言う人間、平気で嘘をつく人間……。憲法観も国家観も歴史観も異常。要するに見識のかけらもない。

「自立する国家」「主張する外交」などと言いながら、アメリカに尻尾を振り続けている安倍のような幼稚な政治家を「保守層」が支持するというグロテスクな状況が現在発生しています。

なにが「美しい国、日本」なんですかね？

卑劣で汚い国になってしまった。

三島は言います。

われわれはもはや、根本的な改革の時代を生きていないと言わねばなりません。なぜなら、憲法改正のはてには再軍備強化によるアメリカ化が、あるいは左翼の言葉でいえば、アメリカ的独占資本主義化が、ますます進むおそれもあり、また憲法自らは、相変わらず偽善的なただ乗り主義と、肩身の狭いようにみえる防衛義務と相携えていかねばならんという跛行《はこう》的状況の永続を意味し、われわれが矛盾に耐えるのをおそれれば、みすみす外国の術中に陥り、われわれが矛盾を甘受すれば、知らない間に精神の弛緩状態に陥って、ま

――すます現状維持の泥沼に沈むかもしれないからです。(「70年代新春の呼びかけ」)


三島の警告は的中します。

まず必要なのは、憲法を改正し、矛盾を解消することです。

私は自衛隊は国軍にすべきだと思っています。

これは独立国家として当然のことです。

しかし、安倍による改憲は全力をあげて阻止しなければならない。

これから述べるように、安倍の憲法観はデタラメであり、むしろ極左に近い。わが国を存亡の危機に陥れることになります。

女性が選ぶ嫌いな男

女性週刊誌の特集「女性が選ぶ嫌いな男」の第一位に安倍は選ばれています。

定番の出川哲朗は第七位、江頭2:50は第四位。安倍の圧勝です(『女性セブン』二〇一四年五月八・一五日号)。

なぜ女性は安倍を嫌うのか?

女性は生物学的に保守的だからだと思います。だから、安倍を見て生理的に気持ちが悪いと思う。「なにかが変だ」「なんかいかがわしい」と肌でわかる。

一方、男は生物学的に弱い部分を抱えている。だから、「保守」を自称しながらイデオロギーに流される。まあ、一般論ですが。

安倍は「女性の輝く社会」を実現させると言います。

内閣府特命担当大臣の森まさこ（当時）は、「社会のあらゆる分野において指導的地位に占める女性の割合を二〇二〇年までに少なくとも三〇％程度」にすると発言していました。

いつから日本は全体主義国家になったのか？

義務にはしないとも弁解していましたが、ヨシフ・スターリン（一八七八～一九五三年）の五ヵ年計画みたいなものでしょう。こうした設計主義を批判できないのが自称保守の限界です。

そもそも、「女性の活用」という言葉が女性をバカにしている。では外に働きにでない専業主婦は「活用」できていないのか。まず、「女性の社会進出イコール善」という思い込みをやめたほうがいい。

配偶者控除の縮小・廃止の検討は公約違反だし、それ以前に、戦後の自民党のマシな部分（家族制度の護持）を根こそぎひっくり返すような暴挙である。出生率を上げたいなら、逆に、子育てをする専業主婦の控除枠を拡大し、「社会進出」を止めるべきではないか。

外国人メイドに子育てをさせ、主婦が外に働きにでなければ生活できないような世の中にしないために努力するのが政治家の仕事でしょう。反対のことを政府主導で率先してやっているのだから話にならない。

安倍は「教育改革」を最重要課題の一つとし、「道徳の教科化」を上げている。「日本人の誇りと自信を取り戻すには教育を変えなければならない」と言うが、戦後教育の失敗と道徳の崩壊が生み出したのが安倍政権ではないか。

なぜ一院制にしてはダメなのか?

安倍は改憲により参議院の解体を目論んでいる。

バカですね。

テレビ番組（二〇一一年二月八日）に出演し、「有権者は議会も行政も非生産的だと思っている。衆院と参院を一緒にして一院制にすべきだ」「憲法は改正しないといけないが、そういう大枠について思い切ったことをやっていくということを示す必要がある」などと述べていたが、この一例だけでも安倍が保守ではないことの証明になります。

保守の定義を思い出してください。

「人間理性に懐疑的である」のが保守です。

人間の判断は万能ではありません。

だから、慎重にものごとを決める仕組みが必要なのです。

モンテスキューもジョン・アクトン（一八三四〜一九〇二年）もバークも、一院制が地獄への最短の道であることを指摘しました。

権力は必ず暴走する。民主権力の集中は必然的に全体主義に行き着く。

だから、それを制御するシステムが必要なんです。

それが議会主義であり、二院制であり、三権分立なんですね。

参議院は「良識の府」と呼ばれています。衆議院の動きを《良識》によってチェックするのが、その役割です。でも、それがきちんと機能しているかは疑問です。安倍が呼び寄せた「ブラック企業」の居酒屋の元会長、北朝鮮との関係が深い元プロレスラー……。《良識》のかけらもないような人物が参議院にはたくさんいます。

どうしてこんなことになってしまったのか？

それにはきちんと理由があります。

現在の参議院のあり方がおかしいからです。おかしいなら、きちんとした形に正そうと考えるのが正常な人間です。「参議院のどこに問題があるのか？」「問題があるならいつからおかしくなったのか？」「そもそも参議院とは何なのか？」と思考を進めなければ改善すべき点も見えてこない。

ところが「参議院のあり方はおかしいから、廃止して一院制にしろ」などと言い出す連中がいる。

曰く「参議院は衆議院のカーボンコピーにすぎない」「ねじれ国会では改革が進まない」「政治にはスピードが必要だ」「両院を維持するのはコストがかかりすぎる」「上院にあたる参議院は前近代の産物だ」……。

思春期の中学生ならともかく、大の大人がこうした幼い主張を真顔で唱えるようになっている。「給食がまずいから給食制度をなくしてしまえ」みたいな話で、頭の中が混乱しているのですね。

必要な対策は「どうやって給食を美味しくするか」です。

参議院がおかしくなった根本の理由は戦後憲法で民選（公選）にしてしまったからです。

少し説明しましょう。

参議院の前身は貴族院です。戦前の帝国議会は衆議院と貴族院の二院制で、衆議院は民選ですが、貴族院は非公選で、皇族議員、華族議員、勅任議員（帝国学士院会員議員、多額納税者議員など）によって構成されていました。

でも戦後は貴族院を参議院に変えて民選にした。つまり、参議院に民意が反映されるようになったわけで、これでは参議院が衆議院に似てくるのは当然です。さらに当初の全国区制を選挙区比例代表並立制にすることで政党政治がはびこるようになった。

これは本来の上院の姿としては極めて異常です。政局がらみで党議拘束がかけられるなら個別の政治家の《良識》なんて吹っ飛んでしまう。

また、衆参両院が民選だと特定の政党が両院を押さえたときに権力の暴走を防ぐことができなくなる。

だから、根本的な解決のためには、参議院の選挙を廃止する必要があります。

そもそもなぜ議会を二つに分ける必要があるのか？

それは民主主義を《良識》で封じ込めるためです。

民意を背景にした下院の暴走を防ぎ、十分な議論をする時間を確保するためです。

要するに、「政治のスピード」を緩める目的がある。

選挙が近くなるといい加減な人たちがいい加減なことを言いだします。

よく耳に入ってくるのが「あなたの一票が世の中を変える」という言葉です。

冗談ではない。「あなたの一票」で世の中を変えてはいけないのです。そもそも、「あなたの一票」で世の中を変えないようにするために上院は存在する。この理屈がわからない連中は政治を職業とする資格はありません。

とにかく、上院と下院では異なるメカニズムで議員を選出しないと世の中がおかしくなる。この程度のことは《常識》の範疇だと思うのですが、今の社会ではそれが通じなくなってきています。

なぜか？

近代啓蒙思想に脳が汚染されているからです。平等主義やそこから派生した国民主権というフィクションを本気で信仰するようになってしまった。

そもそも多数決原理で《良識》を持つ人間を選ぶという発想がトチ狂っていると思いませんか？

上院と下院、性格が異なるものを一緒にしてしまう。これをもっとも極端な形でやったのがフランス革命でした。伝統的な三部会（第一身分である聖職者、第二身分である貴族、第三身分である平民で構成される）を破壊して、一気に一院制にしてしまった。

バークはその蛮行を批判します。

あなたがたの万能の立法者たちは、あらゆることを一度にやろうとあせって、本質的だとおもわれるひとつのことを忘れた。それは、私の信じるところでは、これまで、共和国のいかなる計画によっても、理論的にも実践的にも、決して忘れられることがなかったの

> である。すなわちかれらは、元老院あるいは、何かそういう本質および性格を持ったものを、設けるのを忘れた。（『フランス革命の省察』）
>
> あらゆる統治の合法性にとって、全人民の代表ないし選択が必要だとすれば、上院は一挙に、私生児化され、血統がけがれたものとされるのである。上院は「外見ないし形式において」さえも、けっして人民の代表ではない。（同前）

そそっかしい人は昔からいるもので、フランス革命を準備した政治家のエマニュエル＝ジョゼフ・シエイエス（一七四八〜一八三六年）は、「上院は下院と一致するなら無用であり、下院に反対するなら有害である」と述べています。

要するに「民意が反映された下院こそが正義である」という典型的な上院廃止論ですね。

ところが、この愚論が現実社会で実行されてしまった。

一院制で設立された国民公会がなにを引き起こしたかについては、すでに述べました。上院の廃止は地獄を生み出すのです。

結局こうした反省の上にフランスは再び二院制に戻りました。

参院廃止論や一院制を唱えているような連中は、この二〇〇〇年の歴史を完全に無視しているわけです。

バークは三部会を擁護します。

あなたがたが自分たちのふるい国家構造とわれわれの現在のそれとにおける、あのようにひじょうに大きな欠陥と考えたこれらの対立抗争する利害は、あらゆる軽率な決定にたいして有益なさまたげをあたえる。それは、熟慮を、選択すべきことではなく必要なこととし、あらゆる変化を、自然に節制をもたらす妥協の問題とする。それらは、あらあらしい、粗野な、無制限な改革の、ひどい害悪を阻止する気質をつくりだし、そして、少数者または多数者の専制権力のあらゆるむこう見ずな行使を、永遠に実行不能なものとする。

（同前）

議会に必要なのはスピードではなくて熟議と合意形成です。議会は、少数者の意見を尊重しなければならない。「利害の多様性」「それぞれの階層の別々の見解」が多いほど自由を保障することができるからです。そこに無制限に民主主義原理を取り入れてはならない。

貴族的であるということ

上院においては、有徳有識の人間、エリートが国家の過去と将来に責任をもって判断を下すべきです。

こういうことを言うと「エリートが正しい判断をするとはかぎらない」とか「エリートの独裁を肯定するのか？」とか「戦前の貴族院はそんなに立派なものだったのか？」と脊髄反射的に騒ぎ出す奴がでてきます。

しかし、バカが正しい判断をする可能性はもっとないわけで、それなら「どのようにエリートを定義するのか」という議論に進まないと変です。また、参議院はチェック機関です。予算案の先議権、内閣不信任案の決議は衆議院のみに認められており、法律案の議決や条約の承認、内閣総理大臣の指名も衆議院が優先します。一体どうやったら独裁になるのか？　逆です。

すでに述べたとおり、民主主義を徹底させるから独裁になるのです。

エリートとは単に知識が豊富であったり、大学の教員であったりすることではありません。エリートとは価値判断ができるということです。

基本的にはデモクラシーの危険性を熟知している「精神の貴族」が上院を占めるべきです。

これは身分ではありません。

バークは言います。

あなたは、私が権力・権威・優越を、血と名称と肩書に限定したがっているとはおもわないだろう。たしかに、そうではない。じっさいのあるいは想像上の徳と知恵のほかには、統治のための資格というものはない。じっさいにそれらが見いだされるところでは、それらは、どんな状態、どんな事情、どんな職業または事業においても、この世の地位と名誉にいたる神の旅券をもつのである。（同前）

参考になるのはイギリスの貴族院ですね。世襲の貴族院議員は減少を続け、現在の議員のほとんどは国家に対する功労者に与えられる一代貴族（life peerage）です。要するに特権階級の代表ではない。元裁判官や元三権の長、要職経験者が多く、知的な技術集団になっています。

オルテガも指摘するとおり、貴族的であるということは、自分たちを「上流階級」と呼んだり、「ただ誰を招待するのしないのといったことに明け暮れているごく少数のグループ」のことではありません。真の貴族は「ヘラクレス的な事業」を地上に実現させるために存在する。

参議院を真っ当な姿にするには、憲法改正が必要になります。また、両院が民選議員に乗っ取られている以上、民選の廃止は簡単なことではないでしょう。

それでは直近の選挙はどうすればいいのか？

とりあえず一院制を唱えるバカから落選させていくしかありません。

「衆参対等統合一院制国会実現議員連盟」という団体があるので、ネットで検索してみてください。

世界の静かな中心であれ

大事なことは、「新しい国」をつくることではなくて、日本の伝統を守ることです。

改憲にしても、どこをどう変えるかが重要であり、「改憲すればすべてよし」というのは「改憲すれば戦争が始まる」という左翼の思考停止と同じです。

安倍は国会で立憲主義について次のように語っています（二〇一四年二月三日）。

憲法について、考え方の一つとして、いわば国家権力を縛るものだという考え方はありますが、しかし、それはかつて王権が絶対権力を持っていた時代の主流的な考え方であって、今まさに憲法というのは、日本という国の形、そして理想と未来を語るものではない

――か、このように思います。

完全にルーピーでしょう。

これが小学生の意見なら微笑ましいし、中学生の意見なら「しょうもない」で終わる話だが、一国の総理がここまでバカだと危ない。

安倍の憲法観は素人以下です。

そもそも、自民党が二〇一二年に出した「日本国憲法改正草案」の内容さえきちんと理解していないことが、国会の答弁で明らかになっている。

有名な憲法学者を知らなかったことについては「自分は（成蹊大学の）憲法学の学生でなかったから」と弁解。ポツダム宣言については「私はまだ、つまびらかに読んでいない」……。

せめて、中学校の社会科の教科書くらい、つまびらかに読んだ後に、改憲を唱えるべきだろう。

参院予算委員会で民主党の白眞勲《はくしんくん》が質疑をした時、委員長の石井一が「ハクシンクン」と呼んだことがありました。それで、「委員長すいません。勲までが名前なので、白眞勲君と呼んでください」という指摘があったのですが、石井は混乱。再び「ハクシンクン」と呼び、その後は、「ハクシンクンサン」「ハクシン」とわけがわからなくなった。

わかりづらい名前はありますね。

上野の焼き鳥屋で焼酎を飲みながら店のテレビを眺めていたら、衆院憲法審査会に憲法学者が呼ばれたというニュースが流れてきた。

字幕に「船田元議員」と出ていたので、「あれ、船田って落選中だったっけ？」と一瞬疑問に思ったが、「元《はじめ》」までが名前なんですね。

中谷元《げん》防衛相もわかりにくい。

それはともかく、参考人として国会に呼ばれた憲法学者三人（長谷部恭男《やすお》、小林節、笹田栄司）全員が、安全保障関連法案を「違憲」と明言。集団的自衛権の行使について「従来の政府見解の基本的な論理の枠内では説明がつかない」と指摘した。

「人選ミス」とか言っている議員もいましたが、普通の憲法学者から見れば明らかに違憲でしょう。

自民党はパニックに陥ります。

副総裁の高村正彦は「最高裁が示した法理に従い、自衛の措置が何であるかを考え抜くのは憲法学者でなく政治家だ」と主張。官房長官の菅義偉は「安保法制を合憲と考える学者がたくさんいる」と言ったものの、実名を挙げることができたのはわずか三人。最後に菅は

「数の問題ではない」と言い出した。

もう、むちゃくちゃですね。

この法案を現行憲法の枠内で通せないことくらい中学生程度の知識があればわかります。こんなわけのわからない解釈が許されるなら、自民党の党是の改憲も必要なくなる。

結局、欺瞞なんですよ。

改憲する気概も能力もない。

改憲が難しいから九六条をいじると言い出し、安保法制懇という私的諮問機関の判断を元に閣議決定を行い、法制局長官の首をすげ替え、しまいにはアメリカで勝手に約束してきて強行採決した。

安倍は「憲法の基本的な論理は貫かれていると確信している」と反論したが、説明にもなっていない。

安倍政権のやっていることは、護憲派も改憲派も関係なくて、国を運営する手続きの破壊なんですね。これは左翼全体主義の手口です。

本来なら、保守や改憲派が安倍政権を批判しなくてはいけないのですが、例によってバカばかり。

左翼は集団的自衛権の行使の是非に問題を矮小化し、「戦争反対」などと本質からずれたことを言っているし、安倍信者のB層はそもそもなにが問題か理解していない。

歴代内閣法制局長官や歴代総理、憲法学者が問題にしているのは、法的安定性です。正当な手続きなしに憲法を読み変えれば、国家の法秩序の連続性が切断されることになる。

これまで、内閣法制局は独断で憲法解釈を行ってきたのではなく、歴代政府と調整を続けてきた。国の一貫性のための、内閣法制局でしょう。

二〇一五年九月一九日、結局デタラメなやり方で、安全保障関連法は成立します。安倍政権が暴走を続ける中、女性活躍推進法案、国家戦略特区法改正案、いわゆるマイナンバー改正法案など、どんどんおかしな法案が通っている。

三島は言います。


今年こそは政治も経済も、文化も、本当のバランス、それこそスレッカラシの大人のバランスに達してほしいと思うのは私一人ではあるまい。小さいバランスではなく、楽天主義と悲観主義、理想と実行、夢と一歩一歩の努力、こういう対蹠的なものを、両足にどっしりと踏まえたバランス、それこそが本当の現実的な政治、現実的な経済、現実的な文化というものであると思う。

（中略）

古代ギリシア人は、小さな国に住み、バランスある思考を持ち、真の現実主義をわがものにしていた。われわれは厖大な大国よりも、発狂しやすくない素質を持っていることを、感謝しなければならない。世界の静かな中心であれ。（「世界の静かな中心であれ」）

今の日本人はバランスを失い、真の現実主義を見失った。

「国際情勢の変化が」とか「リアルポリティクスが」とか言って、安倍を擁護する人がいますよね。あれこそ典型的な平和ボケであり、リアルポリティクスの欠如です。

もはやわれわれは発狂しているのである。

三島は「世界の静かな中心であれ」と言ったが、ラノベ作家と『日本よ、世界の真ん中で咲き誇れ』などという対談本を出し、お花畑で咲き誇っているのが安倍である。

国民精神の喪失

なぜ根本の部分をしっかり捉えなければならないのか？

それは日本を守っているように見えるものが日本を破壊している可能性があるからです。

三島は言います。

われわれは戦後の日本が、経済的繁栄にうつつを抜かし、国の大本《おおもと》を忘れ、国民精神を失い、本を正さずして末に走り、その場しのぎと偽善に陥り、自ら魂の空白状態へ落ち込んでゆくのを見た。政治は矛盾の糊塗、自己の保身、権力慾、偽善にのみ捧げられ、国家百年の大計は外国に委ね、敗戦の汚辱は払拭されずにただごまかされ、日本人自ら日本の歴史と伝統を瀆《けが》してゆくのを、歯嚙みをしながら見ていなければならなかった。（「檄」）

結局、安倍は自衛隊を国軍にしないまま、つまり法的立場も曖昧なまま海外に派兵しようとしているわけだ。三島が危惧したとおりの状況が現在発生しています。

『産経新聞』（二〇一四年三月二三日）はこう書いている。

憲法改正による集団的自衛権の行使容認には、さらに膨大な時間がかかる。その間も日本を取り巻く安全保障環境が悪化していくことは容易に想像できる。憲法解釈の見直しによる行使容認は次善の策には違いないが、急ぐ必要があるのだから仕方ない。

お話になりませんね。急ぐ必要があればなんでもできるなら、法治国家ですらない。

今回の騒動で明らかになったのは、安保関連法案に賛成している連中の多くが、最低限の知識さえ持ち合わせていなかったこと。知らないことに圧倒的な自信を持って口を出す。典型的なB層です。

個別的自衛権と集団的自衛権、集団安全保障の違いもわからないような人々が、「集団的自衛権は国連憲章で認められているじゃないか」とか「そもそも日米安保は集団的自衛権だ」とか「砂川事件の最高裁判決が」とか「これまでも政府は憲法解釈をしてきたのになぜ今回だけダメなのか」とか「尖閣諸島が危ない」とか頓珍漢なことを言って騒いでいた。

彼らに言わせると、愛国者である安倍総理のやり方に反対するのは「左翼」ということらしい。

この理屈が通るなら、まともな日本人や保守は全員左翼ということになる。

与党側は、衆議院の強行採決について、「一〇〇時間を超える審議をして議論も深まった」と正当性を主張したが、違憲のものが一〇〇時間を超えたら合憲になるわけがない。

仮に憲法との整合性の問題がクリアできたとしても、集団的自衛権の行使がわが国の国益につながるかどうかはまた別の問題です。国益につながるなら、議論を継続し、正当な手続きを経たうえで、行使すればいいだけの話。

三島は言います。

むしろ私が一番疑問に思うのは、万一いま大戦争が起ったら自衛隊全部がアメリカの指揮下にはいるのではないかという危惧です。この問題については、隊内のいろんな人たちとも話し合いました。

私の考えはこうです。政府がなすべきもっとも重要なことは、単なる安保体制の堅持、安保条約の自然延長などではない。集団保障体制下におけるアメリカの防衛力と、日本の自衛隊の独立的な価値を、はっきりわけてＰＲすることである。（「三島帰郷兵に26の質問」）

腐り果てたメディア

要するに安倍は、「憲法解釈の基本的論理は全く変わっていない」「（アメリカの戦争に巻き込まれることは）絶対にあり得ません」「自衛隊のリスクが下がる」などとデマを流して、押し切ったわけです。

法案を正当化するために存立危機事態として挙げていた例も全部デタラメ。ホルムズ海峡に機雷がまかれたケースも日本人の親子が米艦艇で移送されるケースも、事実上撤回している。

安倍は自民党のインターネット番組に出演し、「不良に殴られそうになったアソウさん」といったわけのわからない喩《たと》え話を始めたり、テレビ番組に出てきて、ピンクスライム肉みたいな模型をつかって意味不明の説明をして、国民を驚愕させました。

大阪市長の橋下徹も都構想騒動のときに、「改革の壺」という紙芝居を作っていましたが、要するに彼らはB層を騙すのが手っ取り早いとわかっているわけです。

「国際情勢が緊迫している」と言えば、それを真に受けたバカが、「たしかに安倍さんのやり方は強引かもしれないけど、このままでは国を守ることができない」などと言い出す。

集団的自衛権とは、「ある国家が武力攻撃を受けた場合に直接に攻撃を受けていない第三国が協力して共同で防衛を行う権利」です。

一番タチが悪いのは、法案の中身も知らずに、なんとなく安倍を支持した連中です。民主党や共産党、朝日新聞が反対しているから賛成であり、彼らが賛成していることには反対という天才バカボンのパパみたいなのが増えている。

今回の件は、戦後の大衆社会の思考停止のツケがまわってきたということだと思います。あまり気づいてない人もいるかもしれませんが、わが国はすでに最終段階に入っている。

それを感じたのは、『読売新聞』の世論調査を見たときです。

以下、二〇一五年六月五日から七日にかけて行われた『読売新聞』の質問項目。

――安全保障関連法案は、日本の平和と安全を確保し、国際社会への貢献を強化するために、自衛隊の活動を拡大するものです。こうした法律の整備に、賛成ですか、反対ですか。

こういう新聞社にメディアリテラシーとか言ってほしくないですね。明らかに設問に小細工が仕掛けられている。二一世紀の文明国の新聞で、こういう誘導尋問がなされているのは本当に恐ろしいことです。なお、二〇一五年七月一七日から一八日にかけて行われた『毎日新聞』の世論調査の質問項目は以下のとおりです。

――集団的自衛権の行使など、自衛隊の海外での活動を広げる安全保障関連法案が衆院で可決され、参院に送られました。あなたはこの法案に賛成ですか、反対ですか。

普通の質問項目ですね。どちらが悪質な新聞社かわかると思います。

同じ調査の政権支持率は、読売が五三％、毎日が三五％と大きく差が開きましたが、背後にこうしたカラクリがあるわけです。

唯一の救いは、多くの憲法学者、大学教授、若者が安倍に反対の声をあげたことです。これは六〇年安保の状況と似ている部分もあります。

三島は言います。

しかし一九六〇年の安保闘争は、青年層の一部に「日本は、これでいいのか」という深刻な反省をもたらし、学校で教えてくれなかった日本の歴史と伝統に自ら着目して、真摯な研究をつづけて来た一群を生むにいたりました。これらの青年たちが植民地化されたアジアにおいて、ひとり国の自立を獲《か》ちえた明治の先人の業績に刮目し、自らの力で近代国家日本を建設したその民族的エネルギーが、今日、ひたすら経済的繁栄にのみ集中されて、国家をして国家たらしめる国防の本義から逸脱し、国民精神の重要な基盤を薄弱ならしめているところに、日本の将来の危機を発見するにいたったのは偶然ではありません。(「祖国防衛隊はなぜ必要か?」)

今回、反対運動を繰り広げた若者たちの背景は知りませんが、それが特定のイデオロギーに基づいた運動(利他的なもの)ではなく、自分とその周囲の生活を守りたいだけ(利己的なもの)であるとするならば、全肯定するしかないと思います。保守とはそういうものです。国防もその延長線上に出てくるものです。

たしかに左翼に搦《から》め捕《と》られる若者も多いのかもしれない。

しかし、本当の意味でわが国の危機を察知した一部の若者たちは、国の独立とはなにか、本当の敵はどこにいるのかという問題を真剣に考え始めるはずである。

三島は言います。


知識人の任務は、そのデラシネ性を払拭して、日本にとってもっとも本質的もっとも根本的な「大義」が何かを問いつめていればよいのである。安保賛成や反対は足下に踏み破り、有用性と無用性を乗りこえた地点で、ただ精神のもっとも純粋、正義のもっとも正しいものを開顕しようと日夜励んでいればよいのである。権力も反権力も見失っている、日本にとってもっとも大切なものを凝視していればよいのである。暗夜に一点の蠟燭の火を見詰めていればよいのである。断固として動かないものを内に秘めて、動揺する日本の、中軸の中軸に端座していればよいのである。私はこの端座の姿勢が、日本の近代知識人にもっとも欠けていたものであると思う。（「新知識人論」）

私は国会前の反対運動も見に行きました。

たしかにこの機に乗じて旧態依然とした左翼が旧態依然とした主張を繰り返しているのを見かけた。一方、思考停止した自称保守は、そこにしか目が行かないので、旧態依然とした左翼に対し、旧態依然とした批判を繰り返すことで悦に入る。

これは「保守系」メディアの多くもそうでした。

また、双方ともデモの参加者が多い少ないと騒いでいたが、数の論理だけで決めてはいけないというのが議会主義の本質であり、そこが蔑《ないがし》ろにされたのが今回の問題ではないか。

抗議行動には坂本龍一がのこのこ出てきて「政治状況ががけっぷちになって、日本人に憲法精神が根付いていることを示していただいた。フランス革命に近いことが今まさに起ころうとしている」などとバカなことを言っていた。

フランス革命の蛮行を繰り返しているのは安倍政権ではないか。法治国家、独立国家にとってなにが大切かという視点から安倍の手法を批判すべきなのに、カビの生えた左翼史観で思考停止。坂本はフランス革命とマグナ・カルタを同列に扱っていたが、結局なにもわからないまま歳をとってしまったのでしょうね。

右も左もバカばかり。

これは第二の敗戦です。

日本人は祖国を守りきることができなかった。

第四章　だからあれほど言ったのに

橋下的なもの

私は橋下徹が出てきた頃からずっと批判を続けてきました。当初は単なるお調子者と世間からは思われていたようですが、その言葉の端々から、日本および日本の伝統文化を深く憎むテロリストであることがすぐにわかったからです。

「国は暴力団以上にえげつない」
「日本の人口は六〇〇〇万人ぐらいでいい」
「能や狂言が好きな人は変質者」
「日本国民と握手できるか分からない」

こうした橋下の呪いの言葉や行動をチェックするうちに、大阪維新の会がナチスより純粋な全体主義であることが判明したので、新聞や雑誌等で「橋下を放置しておくと大変なことになる」と指摘しておきました。

残念ながらそれは的中します。

この章では、三島が警戒すべきだと説いた「言論統制・秘密警察・強制収容所を必然的に随伴する全体主義」について説明します。

現代社会において、悪はどのような形で表出するのか。橋下および大阪維新の会の動きを参考に、大衆社会がどのように腐敗し、地獄に突き進んでいくかについて述べていきます。

もっとも、「橋下的なもの」は、急に発生したわけではありません。

大衆社会化の進行により、近代に内在する構造的欠陥が、橋下という形で表出したと考えたほうがいい。そういう意味では、橋下とは近代二〇〇年の病であり、橋下を物理的に除去すればすべて解決するという話ではない。アレを生み出した土壌、暴走させた社会を分析する必要がある。

三島は言います。


自分の中にすべての集積があり、それを大切にし、その魂の成熟を自分の大事な仕事にしてゆく。しかし、そのかわり何時《いつ》でも身を投げ出す覚悟で、それを毀《こわ》そうとするものに対して戦う。未来を信ずる浅はかな人間がやって来た時に、そして、その人間が暴力を振るって向かって来た時に、日本の歴史と文化と伝統をお前は破壊するつもりか、これを毀すとはどういうことかという気持で、のしかかってゆく。その闘志というものは、私は、彼らと逆な思想を打込んでゆくことによってしか生まれないと思う。（「日本の歴史と文化と伝統に立って」）

われわれ日本人は、「浅はかな人間」の破壊活動にどのような対応をとったのか?

これから詳細に述べていきますが、橋下は職業詐欺師です。政治家は表面的な顔にすぎません。

その最終的な目的は、日本および日本文化の破壊であると思われます。

普通の日本人は、「日本的」という言葉をプラスの意味で使うが、橋下はマイナスの意味で使う。橋下がわが国、およびわが国の伝統文化に対して見せた攻撃性は、常軌を逸したものでした。

文楽の予算を削り、近松門左衛門(一六五三~一七二五年)作の『曾根崎心中』にまで「台本が古い」「ラストシーンでぐっと来るものがなかった」とケチをつけた。

三島は戦後社会の「橋下的なもの」に警告を発したのです。

かつて橋下は大統領制の導入を唱えていました。今でも首相公選制を唱えています。それが何を意味するのか、皇室を大切に思う日本人は真剣に考えたほうがいい。

なお、橋下は皇室を罵倒し続けた石原慎太郎という男ともつながっていた。

石原は言う。

—天皇が国家の象徴などと言う言い分は、もう半世紀すれば、彼が現人神だと言う言い分と同じ程、笑止で理の通らぬたわごとだと言うことになる、と言うより問題にもされなくなる、と僕は信じる。（『文藝春秋』一九五九年八月号「あれをした青年」）

石原は自分が何を壊そうとしているかをはっきり述べている。それは皇室だ。

石原　三島さん、変な質問をしますけど、日本では共和制はあり得ないですか。

三島　あり得ないって、そうさしてはいけないでしょ。あなたが共和制を主張したら、おれはあなたを殺す。（「守るべきものの価値」）

石原慎太郎
(1932年〜)政治家・作家

石原はきわめて戦後民主主義的なポピュリストであり、卑劣なアナーキストである。こうした人間を支持してきたのがわが国の「保守」論壇である。そのカラクリについても、はるか昔に三島は見抜いていた。

三島は自民党に所属しながら党の批判を繰り返す石原に対し、「貴兄の言葉にも苦渋がなさすぎます。男子の言としては軽すぎます」（「士道について」）と批判した。

三島が武士のロジックを持ち出したことに対し、「時代錯誤だ」との批判もあったが、問題はそこではない。

三島は、内部告発や権威の否定を「あたかも手柄のようにのびやかにやる」石原の軽薄さを批判したのである。その後の石原の人生もすべてコレですね。

悪いのは官僚だ、アメリカだ、中国だ、古い自民党の体質だ、というわけです。

こうして大衆の薄っぺらいナショナリズム、ルサンチマンに訴える。

三島の死後、石原は三島にネチネチと嫌味を言う一方で、都合がいいときだけ親密な関係をアピールした。

石原と橋下をつなぐキーワードは「アナーキズム」「反日」である。

大阪都構想とはなんだったのか?

橋下の暴走を放置した結果、起こるべくして起こったのが「大阪都構想」なる巨大詐欺事件です。

二〇一五年五月に一応の結末を迎えたが、これは戦後最大の劇場型犯罪と言っていい。

なにしろ、政令指定都市である大阪市が白昼堂々狙われたのである。

まず、「都構想」という名称自体がデタラメだった。

多くのメディアが「大阪都構想への賛否を問う住民投票」などとミスリードしていたが、いい加減なことを言ってはいけない。

住民投票で賛成票が反対票を上回っても、「大阪都」になることはなかった。実際、住民投票後の手続きが記載された「特別区設置協定書」には、「大阪都」「都構想」「二重行政」という言葉は一切出てこない。「二重行政の解消のために都構想を実現する」という話は住民投票とは関係ない。

では大阪市民に何を問うたのか？

「大阪市を解体し、権限、カネを手放すのかどうか」である。

住民投票が通れば、大阪市は解体され、五つの特別区に分割される。当然、大阪市民は自治を失う。その財源や権限の多くは橋下維新により流用されることになる。たとえばカジノ関連のインフラ整備といったものだ。

《常識》があれば、こんな百害あって一利もない制度に賛同するはずはない。

もっとも、二重行政の解消でカネが出てくるという話自体が嘘だった。

維新の会は、当初、年間四〇〇〇億円の財源を生み出すのは「最低ライン」と言っていたが、大阪府と大阪市が試算した結果は最大九七六億円。さらにその数字も橋下の指示による粉飾だった。

「数字は何とでもなる。見せ方（次第）だ。もっと何か乗せられないか」「もっとしっかり（財政）効果額を積み上げてほしい」などと都構想の制度設計を担う大阪府市大都市局の職員らに伝えていた。

この件について記者から追及された橋下は「議論しても仕方ない」と言って逃げている。最終的に大阪市大阪市会が出した「効果」はわずか一億円。制度移行のための初期投資六八〇億円、年間コスト一五億円を引けば、明らかにマイナスだ。

にもかかわらず、橋下は大阪市のタウンミーティングで、二重行政の解消による財政効果は「無限」と言い出した。

無限ですよ。

かつて、民主党は政権交代により埋蔵金が出てくると言っていた。それが嘘であることは政権交代前に識者により指摘されていた。しかしB層は民主党を圧勝させたのである。一体何回騙されれば気づくのか？

橋下維新はタウンミーティングや街頭演説で細工が加えられた詐欺パネルを使い続けた。市民団体や学者により数値のごまかしを指摘されていたにもかかわらず。

テレビCMでは「教育費を五倍にした」とデマを流し（実際には一〇八億四七〇〇万円も

教育予算を削っている)、住民投票直前になると「都構想の住民投票は一回しかやらない」「賛成多数にならなかった場合には都構想を断念する」と明言したが、否決後三ヵ月もしないうちに、再び「都構想」を掲げると言い出した。

要するに橋下は、「大阪市民を騙す」という明確な悪意の下、住民投票を仕掛けたのである。

東京に住んでいる私が、この問題にこだわったのは、国家全体にかかわることだからだ。

橋下維新の運動は典型的な全体主義である。

全体主義はプロパガンダとテロルにより拡大するが、橋下維新もまた、厖大な嘘、デマを流し、メディアや学者らに圧力をかけ、矛盾する発言を繰り返した。

住民投票の前日、橋下は街頭演説でこう言った。

この七年半、皆さんの税金が不公平に誰かのポケットに入っていないか徹底的に調べましてね。

(中略)

今見てください。橋下を追い出せの大合唱です。医師会、歯科医師会、トラック協会、タクシー業界、大阪ナントカ商店街連盟、弁護士のグループ。全部大阪都構想に反対に回っているでしょ。彼らはかつてのおいしい大阪府、大阪市に全力で戻したがっているんです。彼らは税金を食いものにしてきますよ。

（中略）

大阪府庁、大阪市役所、大阪市議会、大阪市議会議員、それにへばりついている税金を食っている団体、一回きれいサッパリ全部壊して、本当に納税者のためになる新しい大阪の政府をつくっていきますよ、皆さん。

これが橋下の手口である。

「新しい大阪の政府」とは何を意味するのか？

要するに、大阪市の住民投票は、橋下維新という全体主義勢力から、わが国を守る戦いだったのです。

反革命宣言

二〇一五年五月一七日、いわゆる大阪「都構想」は、大阪市の住民投票で無事否決されます。反対が賛成をおよそ一万票上回り、大阪市の存続が決まった。

しかし安心できる状況ではありません。

われわれの社会から「橋下的なもの」が消えたわけではない。

結局、橋下は学者らに指摘された疑問について一切答えていない。

嘘に嘘を重ねて誤魔化すか、「もっと勉強しろ」「対案を示せ」「共産党の仲間か」などとレッテルを貼り、議論から逃げるだけ。学者に批判されれば、「彼らは実務を知らない」と繰り返す。

ナチスは狂気の集団としてではなく、市民社会の中から出現しました。

そして「ふわっとした民意」にうまく乗り、「既得権益をもつ人間」という敵をでっちあげ、大衆のルサンチマンに火をつけ、社会に蔓延する悪意を吸収することにより拡大した。

住民投票が通れば、「特別区設置協定書」に記載されていない事項の多くは、市長により決定されることになっていた。つまりは白紙委任だ。

ナチスを暴走させたのはその拡大を目の当たりにしながら、なんの対応もとらなかった連中である。

保守（主義）という立場に存在意義があるとしたら、アドルフ・ヒトラー（一八八九〜一九四五年）や橋下のような人間が現れたときに、警告を発し、全力でそれを除去すること以外にない。

橋下は、「（交渉とは）詭弁を弄《ろう》してでも黒いものを白いと言わせる技術」（『図説 心理戦

アドルフ・ヒトラー（1889〜1945年）
政治家

で絶対負けない交渉術』）と言っている。

橋下が大阪でやったのはまさにこれですね。

「黒いもの」を「白いもの」と言い、大阪市民を騙し、カネと権限をかすめとろうとした。

全体主義は癌細胞と同じです。

放置すれば、取り返しのつかないことになる。

三島もまた全体主義者の手口を見抜いていました。

> われわれは戦後の革命思想が、すべて弱者の集団原理によって動いてきたことを洞察した。（中略）不安、懐疑、嫌悪、憎悪、嫉妬を撒きちらし、これを恫喝の材料に使い、これら弱者の最低の情念を共通項として、一定の政治目的へ振り向けた集団運動である。空虚にして観念的な甘い理想の美名を掲げる一方、もっとも低い弱者の情念を基礎として結びつき、以て過半数《マジョリティ》を獲得し、各小集団小社会を「民主的に」支配し、以て少数者《マイノリティ》を圧迫

――し、社会の各分野へ浸透して来たのがかれらの遺口《やりくち》である。（「反革命宣言」）

ロベスピエール、ヒトラー、スターリン、毛沢東（一八九三～一九七六年）、ポル・ポト（一九二八～九八年）……。全体主義者の手口はどれも似たようなものである。社会不安を煽り、弱者の情念を集約することで権力を一元化する。

もちろん、自民党内にも橋下の危険性に気づいている人はいた。

麻生太郎元総理は維新の会を「やるやる詐欺」と批判していたし、谷垣禎一《さだかず》幹事長は都構想は「羊頭狗肉」と看破している。簡単に言えば「詐欺」である。

しかし橋下維新は、官房長官の菅義偉を媒介として安倍政権とべったりつながっていた。この事実もまた、わが国が腐敗の最終段階に入ったことを示している。

菅、橋下を評して曰く「言行一致の方だから」。

悪意があるのか、頭がおかしいのか、その両方か。

根源的な悪

オウム真理教事件以降、村上春樹の作風が変化した。

いや、私が勝手にそう思っているだけかもしれないが、個人的な「喪失」の物語より、社会に潜む「悪」についての記述が多くなった気がする。『海辺のカフカ』や『1Q84』などの作品で、「純粋な悪」といったものが、特定のキャラクターに仮託されて言及されたり、暗喩されるたびに、私の脳裏にはある政治家の顔が浮かぶのだった。

しかし、そもそも「純粋な悪」など存在するのか？ オウム真理教でさえ、悪は手段にすぎなかった。たとえそれが荒唐無稽なものであれ、彼らには新しい国をつくるという目的があった。

悪い政治家は昔から存在する。私利私欲を満たすために、政治をやっている連中だ。ときどき不正が発覚し、大きな事件に発展することもある。リクルート事件しかり、佐川急便事件しかり。しかし、彼らにはそれほど害がない。動機が真っ当だからだ。カネや権力を欲しがるのは正常な人間である。それを手に入れる方法が間違っていたから問題になっただけだ。

一方、政治においては「よき目的」のために「悪」と手を組まなければならない局面も存在する。マックス・ヴェーバー（一八六四〜一九二〇年）が言うように、政治は悪と切り離すことができない。

「善からは善のみが、悪からは悪のみが生まれるというのは、人間の行為にとって決して真

――実ではなく、しばしばその逆が真実であること。（中略）これが見抜けないような人間は、政治のイロハもわきまえない未熟児である。（『職業としての政治』）

しかし、悪そのものが行動原理になっている人間がいたらどうなるか？

橋下は「政治家を志すっちゅうのは、権力欲、名誉欲の最高峰だよ」「自分の権力欲、名誉欲を達成する手段として、嫌々国民のため、お国のために奉仕しなければならないわけよ」と述べている。

こうした橋下の発言は物議を醸してきたが、本当に権力、名誉が目的なのか？

マックス・ヴェーバー
（1864～1920年）社会学者

「経済界なんてクソの役にも立たない」「オナニー新聞」といった過去の下品な発言を見れば、名誉が目的とは思えない。

橋下は演説で「私は政治家には向いていませんよ。早く弁護士に戻って私利私欲の生活に戻りたい」と言っていた。つまり本人が現在は私利私欲で動いていないと認めているのだ。

これほど怖いことはない。

世の中には「純粋な悪」としか呼べない人間が一定の割合で存在する。

犯罪心理学者のロバート・D・ヘアは言う。

サイコパスは社会の捕食者であり、生涯を通じて他人を魅惑し、操り、情け容赦なくわが道だけをいき、心を引き裂かれた人や、期待を打ち砕かれた人や、からになった財布をあとにのこしていく。良心とか他人に対する思いやりにまったく欠けている彼らは、罪悪感も後悔の念もなく社会の規範を犯し、人の期待を裏切り、自分勝手にほしいものを取り、好きなようにふるまう。（『診断名サイコパス』）

ヘアはサイコパスのチェックリストを示している。

◎口達者で皮相的
◎自己中心的で傲慢
◎良心の呵責や罪悪感の欠如
◎共感能力の欠如
◎ずるく、ごまかしがうまい
◎浅い感情

◎衝動的
◎行動をコントロールすることが苦手
◎興奮がないとやっていけない
◎責任感の欠如
◎幼いころの問題行動
◎成人してからの反社会的行動

サイコパスの大部分は凶悪犯ではなく、社会に溶け込んで暮らしている。また、ほとんどが男性で、政治家、弁護士、レイプ犯、詐欺師などに多いという。彼らは精神障害者ではなく責任能力を持つ。

――先にも述べたように、サイコパスは法的にも精神医学的にも、最近の正気の基準をたしかに満たしている。彼らは社会のルールや、善と悪の慣習的な意味を理解している。（同前）

私はここで「橋下はサイコパスだ」と言いたいのではない。医者でもない人間が、他人の気質について軽々しく診断してはならない。また、チェックリストを使うためには、正式な手引書に基づいた採点方法をとる必要がある。ヘアも言うように、われわれが行うべきは、疑わしい人間の監視を続け、精神科医や専門機関に連絡をとり、被害の拡大を防ぐことである。

平気で嘘をつく人たち

精神科医のM・スコット・ペックは、邪悪性とは「誤った完全性自己像を防衛または保全する目的で、他者を破壊する政治的力を行使すること」と定義している（『平気でうそをつく人たち』）。

世の中には平気で嘘をつく人間が存在する。

「今度の選挙は、政策選択選挙だ。候補者が誰かなんてことは重要じゃない」と言い、選挙が終われば「政治に政策は関係ない」と言う。「日本の電力はあり余っている」「産業での節電など全く要らない」と言い、原発の再稼働が決まれば「再稼働で関西は助かった」と言う。「慰安婦制度は必要なのは誰だって分かる」と言い、問題になれば「僕は慰安婦が必要とは言っていない」と言う。橋下によれば「嘘をつかない奴は人間じゃねえよ」とのこと。たしかに橋下の発言はほとんどが嘘である。

ヘアは言う。

嘘つきで、ずるく、ごまかしがうまいのは、サイコパスの生まれもった才能だと言える。（中略）嘘を見破られたり、真実味を疑われたりしても、めったにまごついたり気おくれしたりしない。あっさり話題を変えたり、真実をつくりかえて嘘のうわ塗りをする。
（『診断名サイコパス』）

橋下の著書『どうして君は友だちがいないのか』を読むと、人間関係を損得でしか考えていないことがわかる。

僕が考える友だちの本質とは――

・メリットなし
・面倒ばかり
・いっしょにいてもなにか与えてくれるわけではない

つまり、損をすることはあっても、得られるメリットは特にない。

橋下は、自分の得になるなら、平気で他人を陥れる。「いじめ」に対する姿勢も同様だ。

――だから、自分の位置や他人との関係やヒエラルキーを守るために、いじめてしまうのはある程度、しかたがない。

――だから、グループの動きに足並みを揃えて、誰かをいじめてしまう「世渡り」を僕は「絶対に悪だ」「いますぐにやめるべきだ」とは思いません。

――ほかの子に無視されたくない。いじめられたくない。そのような気持ちから、やむを得ず、いじめに荷担してしまったのであれば、しかたのないところではあります。

卑怯、卑劣としか言いようのない生き方を橋下は「スネ夫的」と肯定する。ヘアは言う。

――彼らには、皮相的な言葉の次元を越えて〝人の身になって考える〟ことができないように思える。他人の感情などまったく関心の外なのだ。（『診断名サイコパス』）

橋下が大阪でやったこともこれである。

公務員をスケープゴートに仕立て上げ、徹底的にいじめる。

「身を切る改革」というのも同じ。

府議会で定数削減をしたときも、まあいろいろと批判されました。議論が足りないとか。でも議論をしていたら定数削減なんてできないんです。そこからスタートする。全ての改革はそこからスタート。日本全体の改革をやっていきましょう。（二〇一四年一一月二三日）

狂気の沙汰である。カルト宗教の指導者やテロリストならともかく、議会における議論を明確に否定する人物が行政に紛れ込んでいるのだ。

ヘアは言う。

サイコパスは、社会のルールとか期待をわずらわしく不合理なものと考え、自分の好み

――や願望を行動で表現する障害となっていると考えている。(『診断名サイコパス』)

世の中には邪悪な人間が存在する。

橋下は自分の子供が人に挨拶をしなければ蹴りを入れるという。子供を殴ったり、ブッ飛ばすこともある。口答えしたら尻をバットで叩く。(『女性自身』二〇〇六年一〇月一七日号)

――子供は単に玩具感覚の可愛さです。

(中略)

僕は、子供はつくるまでが好きなのかもなあ(同前)

――国が事前に危険な奴を隔離できないなら、親が責任を持って危険な我が子を社会から隔離すればいいんだ。他人様の子どもの命を奪うほどの危険性がある奴に対しては、そいつの親が責任を持って、事前に世のなかから抹殺せよ!(『まっとう勝負!』)

橋下は、親が「危険性がある」と判断すれば、何もしていない子供を殺すべきだと言っているのだ。

わが国は法治国家であり、殺人を唆《そそのか》す狂人を野放しにしてはならない。

ペックは言う。

　邪悪性の最も典型的な犠牲者となるのが子供である。（中略）子供とは未熟なものであり、親に依存するものであることを考えると、親が大きな権力を持つのも当然と思われるが、しかし、この権力は、あらゆる権力と同様に、さまざまな程度に悪用されうるという事実を否定することはできない。（『平気でうそをつく人たち』）

思考停止社会

橋下の著書『図説　心理戦で絶対負けない交渉術』には、悪徳弁護士ならではの卑劣な手法が並んでいる。

◎〝脅し〟により相手を動かす
◎一度オーケーしたことを覆す技術
◎たとえ話で論理をすり替える
◎知らぬ存ぜぬの有効な使い方

◎追い込まれたら交渉を断ち切る
◎感情的な議論で交渉の流れを変える

いずれも、橋下が政治において実践しているものだ。橋下を単なるバカと捉えるのは危険である。なぜなら文明社会がもっとも政治から遠ざけなければならないものを本能的に嗅ぎ付ける能力を持っているからだ。

橋下の発言を振り返ってみよう。

「今の日本の政治で一番重要なのは独裁」

「僕が直接選挙で選ばれているので最後は僕が民意だ」

「(選挙は) ある種の白紙委任だ」

こうした発言は、全体主義そのものであり、近代の悪はこうした形で表出する。

ペックはベトナム戦争についてこう述べる。

なぜジョンソンがわれわれをだましおおせることができたのか、むしろそれを問題とすべきである。なぜ、われわれアメリカ国民は、あれほど長い期間だまされることを自分自身に許したのか。

（中略）

ここでもまた、われわれ人間全体に共通する怠惰とナルシシズムに直面する。（『平気でうそをつく人たち』）

結局、怠惰で無知で愚鈍な人々が、悪を放置したのである。

「橋下さんは乱暴なところもあるけど、若いしがんばっとるやないか」

「橋下さんがテレビで大阪はよくなると言うてたで」

「大阪の既得権益を壊せる人間て他に誰がおるんや」

橋下を支持している人の多くは、悪意があるのではなく、橋下に任せれば本気で世の中がよくなると信じていたのだろう。しかし、怠惰、無知、愚鈍こそが、悲劇を生みだすのである。昔ドイツで画家志望のつまらない男が社会に蔓延する悪意を吸収して勢力を伸ばしたことがあったが、橋下もまたデマを流し、議会を無視し、密告を奨励している。

ヴェーバーは政治の危機を予言した。「権力を笠に着た成り上がり者の大言壮語」「知的道《どう》化《け》師《し》のロマンティシズム」「権力に溺れたナルシシズム」……。こうした「悪」に毅然と立ち向かわなければ、その支配に甘んじることになる。われわれは目の前の「悪」を直視する責任を負っているのだ。

大衆社会と全体主義

映画『ハンナ・アーレント』を見ました。哲学者のハンナ・アレント（一九〇六〜七五年）は、イスラエルで行われたナチス親衛隊中佐アドルフ・アイヒマン（一九〇六〜六二年）の裁判を傍聴し、『ザ・ニューヨーカー』誌にレポートを書きましたが、その実話に基づいて映画は作られています。

監督は女性のマルガレーテ・フォン・トロッタ。あまり期待していなかったけれど、想像以上にいい出来でした。政治的に微妙な問題もきちんと採り上げている。

アレントはドイツ出身のユダヤ人で、ナチスの迫害から逃れてパリ、後にアメリカに亡命します。しかし、イスラエルによる一方的な裁判が行われていることに疑問を感じ、ナチスの背後にあったものを突き詰めようとした。アレントはユダヤ人自治組織の指導者が強制収容所移送に手を貸したことを記事で指摘し、内外のユダヤ人社会から激しい攻撃を受けます。

この裁判記録をまとめたアレントの著書『イェルサレムのアイヒマン』の副題は「悪の陳腐さについての報告」です。そこでアイヒマンは、極悪人ではなく小心者の平凡な役人として描かれている。ここも記事が反感を買ったポイントですが、アレントは近代大衆社会の延長線上に「究極の悪」が現れることを指摘したわけですね。

にもかかわらず、案の定というか、予想通りというか、変なことを言っている人が多かったので念を押しておきます。

たとえば、映画公式サイト内の「各界から寄せられたコメント」。

加藤登紀子、落合恵子といった相変わらずの人たちが相変わらずのコメントを寄せている中で、特にひどかったのは鳥越俊太郎。


考えることを止め組織の命令に黙々と従う「悪の凡庸」。これこそがナチスの本質的罪だと映画は訴える。戦時中の日本も同じである。


アホかと。こうした臭いものに蓋をして正義面をしている人間こそ、アイヒマン裁判を通してアレントが批判したものなのだ。その射程は当然東京裁判をも収める。連合国が持ち出した「平和に対する罪」に法的根拠はあるのか。あるとしたら、なぜアメリカによる原爆投下や市街地への爆撃は裁かれないのか。

歴史を都合よく解釈して卑小な悪の物語をつくりあげ過去を断罪するような小市民こそが

野蛮を生み出すのであり、この映画は鳥越的な能天気な市民社会の論理に反省を迫っているのだ。**アイヒマンの思考停止は、結局われわれの思考停止である。**

三島は問いかける。

ヒロシマ。ナチのユダヤ人虐殺。まぎれもなくそれは史上、二大残虐行為である。だが、日本人は「過ちは二度とくりかえしません」といった。原爆に対する日本人の民族的憤激を正当に表現した文字は、終戦の詔勅の「五内為《ごだい》ニ裂ク」という一節以外に、私は知らない。

そのかわり日本人は、八月十五日を転機に最大の屈辱を最大の誇りに切りかえるという奇妙な転換をやってのけた。一つはおのれの傷口を誇りにする〝ヒロシマ平和運動〟であり、もう一つは東京オリンピックに象徴される工業力誇示である。だが、そのことで民族的憤激は解決したことになるだろうか。(「私の中のヒロシマ」)

そもそも戦後民主主義者が金科玉条としてきた平等や普遍的人権という概念に根底的な批判を加えたのがアレントである。アレントは著書『革命について』で、フランス革命を分析し、同情や平等といった概念がテロリズムに行き着く構造を明らかにした。また、アレントは「民主主義と独裁の親近性は明確に示されていた」と指摘したうえで、次のように述べる。

（近代大衆社会が行き着いた先は）徹底した自己喪失という全く意外なこの現象であり、自分自身の死や他人の個人的破滅に対して大衆が示したこのシニカルな、あるいは退屈しきった無関心さであり、そしてさらに、抽象的観念に対する彼らの意外な嗜好であり、何よりも軽蔑する常識と日常性から逃れるためだけに自分の人生を馬鹿げた概念の教える型にはめようとまでする彼らのこの情熱的な傾倒であった。（『全体主義の起原』）

悪しき人間が悪しき意図をもって行う悪事はたかが知れている。危ないのは平等や普遍的人権といった抽象的観念を愛好する大衆が、容易に「馬鹿げた」世界観に飛びつくところにある。

その構造を正面から指摘したアレントを〝市民派〟が絶賛するというのもグロテスクな話ではないか。

悪を排泄する能力

三島も指摘するとおり、全体主義は右からも左からも発生する。そしてこれは、近代が構造的に抱え込む病である。

橋下はツイッターでこうつぶやいている。

> 選挙の洗礼を受けた国のリーダーを変えることができるのは選挙によってのみ。何でこんな当たり前の原理原則を認識できないのか。国民による選挙で与えられた首相の地位を、党員の選挙による党総裁選で変更するのは、国民に対する決定的な背反行為だ。超えてはならない、とんども《ママ》ない大嘘になる。（二〇一五年九月九日）

議員内閣制の仕組みも理解していないバカが、いまだに政界に居座り続けているわけだ。

何でこんな当たり前の原理原則を認識できないのか。これは異常事態です。

全体主義は一枚岩のイデオロギーではありません。

アレントも指摘するとおり、そこには構造がない。煽動する側と煽動される側が一体となり拡大していく大衆運動です。

大衆を煽動すること自体が目的だから、時によって正反対のことを平気で喋ることができる。橋下の発言は支離滅裂ですが、そこが橋下の強みになっている。

全体主義は、大衆の不平や不満に火をつけることにより拡大します。

ナチスはユダヤという敵をでっちあげましたが、橋下も同様に敵を設定し、大衆の一番汚い部分に訴えかけるわけです。

正常な社会は、橋下みたいな人間が出てきたときに、すぐに「うさんくさいな」と判断できる。イギリスの労働者が革命オルグを追い返したように。

しかし、個人が極端な形で分断されてしまった現代社会では、《常識》は消滅し、社会に偏在する「悪」が極端な形でつながってしまう。それが「橋下」という現象だったのだと思います。

ニーチェは言います。

憔悴の理論。——背徳、精神病者（ないしは芸術家・・・）、犯罪者、アナキスト——これらは、圧迫された階級ではなく、これまでの社会のすべての階級の排泄物である・・・

（中略）

——排泄する力をもはやもたない一つの社会であるということが、私たちにはわかった。

162

——（『権力への意志』）

近代大衆社会において、共同体が破壊されていく中、社会から「悪」を排泄する能力が失われた。

大阪で維新の会が拡大した理由はこれです。

第五章　皇室・神・大地

福沢諭吉の予言

戦後の精神の空白の問題に注目したのが三島です。

高度経済成長による繁栄に誰もが浮かれ、「もはや戦後ではない」などと言い出したとき、三島は戦後の問題がこれから噴出すると考えた。

三島は福沢諭吉（一八三五〜一九〇一年）の言葉を引きます。


これは福沢諭吉の「民情一新」のなかで言っているのだけれども、とにかく「ひとたび国を開けば、蒸気、電信の呼び起こす変動そのものの、わが国自身のうちに生ずることは覚悟しなければならぬ」ということは、福沢諭吉もよく知っていた。（中略）近代化イコール西欧化と考えれば、そのなかでいちばん国の本質的なもの（戦前に国体と称したものがそうかもしれませんが）、純粋性、その純粋性がどうしても西欧化できないものはいったいなんだったろうかと、また西欧化できなかったことはまちがいだったのか、あるいはそれも西欧化できると信じたことはまちがいだったのか、そういう反省の時期にいまきている。（「対話・日本人論」）

誤解している人もいますが、福沢は西欧かぶれの啓蒙主義者ではありません。近代化、西欧化の問題と対峙するために、近代の本質をつかまなければならないと説いたのだ。

そのための武器が「学問」であり「人民独立の気力」である。

一方、三島が近代の対抗軸として言及したのが皇室だ。

最初に三島の発言を紹介する。

福沢諭吉
（1835～1901年）思想家・教育者

天皇はあらゆる近代化、あらゆる工業化によるフラストレイションの最後の救世主として、そこにいなけりゃならない。それをいまから準備していなければならない。それはアンティエゴイズムであり、アンティ近代化であり、アンティ工業化であるけど、決して古き土地制度の復活でもなければ、農本主義でもない。日本の農村は将来、昭和五十年ごろは、東海道線ラインに人口の八割が来ちゃうかもしれない。そうすると、農村というものは意味をなさなくなる。その場合でも、天皇は一番極限にいるべきだ、という考えなんですよ。ですから、近代化の過程のずっと向うに天皇があるという考えですよ。

　その場合には、つまり天皇というのは、国家のエゴイズム、国民のエゴイズムというものの、一番反極のところにあるべきだ。（「文武両道と死の哲学」）


近代化・工業化により大衆社会化が進み、近代人は個人と個人の有機的なつながりを失った。こうした社会では卓越者は引き摺り下ろされ、個人は誰からも妨害されなくなる。こうしてわれわれは、見渡す限りただ空と海のみであるような、抽象的な「無限の眺望」（キルケゴール）を手に入れた。

そこで近代人は眩暈をおこし「守るべきもの」を見失う。

三島は言います。


天皇が自ら人間宣言をなされてから、日本の国体は崩壊してしまった。戦後のあらゆるモラルの混乱はそれが原因です。なぜ、天皇は人間であってはならぬのか。少なくともわれわれ日本人にとって神の存在でなければならないか。このことをわかりやすく説明すれば、結局「愛」の問題になるのです。

（中略）

昔からわれわれ日本人には、農本主義から生まれた「天皇」という三角形の頂点（神）のイメージがあり、一人々々が孤独に陥らない愛の原理を持っていた。天皇はわれわれ日本人にとって絶対的な媒体だったんです。私は天皇制についてきかれるたびに、いつも〝お祭りは必要なのだから大切にすべきだ〟と一言いってたのは、そういう意味です。（「三島由紀夫氏の〝人間天皇〟批判」）

要するに、国民を統合する原理として皇室が必要ということですね。

皇室には、日本人の美意識、先祖崇拝、自然信仰、仏教、神道に含まれるあらゆる感情が投影されている。

ナショナル・アイデンティティを支えるものは、外側に置くしかない。内側に置いてしまったら、つまり、人間が政治的に管理してしまったら、神としての立場は危うくなる。

皇室とはなにか？

三島は「われわれのいちばん心の奥底で鋭い問いを問いかけ、外国のあらゆる力の干渉に対して、何千年の歴史・伝統をもって堂々と応え得るもの」として皇室を挙げます。

左翼は近代主義者ですから「天皇制」を批判しますが、三島は一応、念を押しておく。

人は、天皇と言うと、たちまち戦前、明治憲法下における天皇制の弊害を思い出し、戦争からにがい経験を得た人ほど、天皇制に対する疑惑を表明してきたのが常ですが、私は、天皇制とは、その歴史は、あくまでもその時代時代の国民が、日本人の総力をあげて創造し復活させてきたものだと思うのです。いつも新しい天皇制があり、いつも現在の天皇制があり、その現在の天皇制の連続の上に永遠の天皇制があるというところに、天皇の本質がひそむのです。（「70年代新春の呼びかけ」）

ここまで読まれた方はおわかりになるとおり、これは日本人の伝統に対する態度、文化に対する姿勢に通じる話ですね。三島は軍部に批判的でした。

（前略）二・二六事件その他の皇道派が、根本的に改革しようとして、失敗したものでありますが、結局勝ちをしめた統制派というものが、一部いわゆる革新官僚と結びつき、しかもこの革新官僚は左翼の前歴がある人が沢山あった。こういうものと軍のいわゆる統制派的なものと、そこに西欧派の理念としてのファシズムが結びついて、まあ、昭和の軍国主義というものが、昭和十二年以降に始めて出てきたんだと外人に説明するんです。私

――は、日本の軍国主義というものは、日本の近代化、日本の工業化、すべてと同じ次元のものだ、全部外国から学んだものだ、と外国人にいうんです。（「武士道と軍国主義」）

三島は、西欧の理念が「軍人に権力をとらせ、軍人を増長させ」、言論統制により「いじるべからざる文化」をいじったと批判した。東條英機（一八八四～一九四八年）のような人物が「私怨をもって人々を二等兵に駆り立て」前線へ押し出したと。

まあ、普通に考えて、大東亜戦争は近代や西欧の理念との戦いではなかった。逆に、日本の近代主義が生み出したと見るのが妥当だろう。

三島にとって守るべきものは、「日本精神」が投影されている皇室だった。だからこそ、天皇と軍隊は固い絆で結ばれていなければならない。

三島は言います。

――つまり、今のような民主主義政体、議会主義は守らなきゃいかん。なぜなら、それは言論の自由を保障するからである。しかし言論の自由を保障するだけでは足りないので、我々の伝統と我々の歴史の連続性を保障するものでなければならん。そのためには天皇制が今のままであっては困るので、政治概念としてでなく、歴史的な古い文化概念としての天皇が復活しなければいかん。ですから天皇を憲法改正で元首にするとかしないとかいう問題ではなくて、天皇の権限よりも、天皇というものを一種の文化、国民の文化共同体の中心として据えるような政治形態にならなきゃならん。(「国会革新の原理」)

三島は栄誉大権の復活が必要だと考えた。それにより、天皇と軍隊をつなぐわけだ。
こうした三島の主張を、評論家の橋川文三(一九二二～八三年)が「美の論理と政治の論理」で批判します。

まず三島の「文化概念としての天皇」という概念が私の中によびおこす最初のイメージは、思想史の領域でいえば、幕末期国学者たちのいだいた天皇のそれに近いものである。もう少しそれを限定していえば、現実の政治権力からは全く疎外されながら、かえってすべての政治秩序に対する批判原理となりえているような、そういう存在としての天皇ということである。

橋川はこう述べたうえで、「彼らのその試みは大いなる幻想におわった」と言う。

それは、彼らの非政治的政治世界の構想が、かんたんに政治の論理によって破綻せしめられたからである。国学を知らざるものは人にあらずという一時の昂揚から、無知蒙昧の代名詞にまで顚落せしめられたのが維新後わずか六、七年頃の彼らであった。

つまり、三島が言うような「歴史的な古い文化概念としての天皇」は幻想に過ぎず、天皇と軍隊をつなげれば「政治概念として」の天皇の部分が拡大するだけだと。論理としてはそのとおりですね。ただ、大事なことは、三島がこれを「日本のカルチャーと、西洋のシビライゼーションとの対決の問題」「日本の神と唯一神教の問題」（「武士道と軍国主義」）であると見抜いていたことです。

三島は日本国憲法の論理的矛盾を指摘します。

（前略）このような矛盾は明らかに、第一条に於て、天皇という、超個人的、伝統的、歴史的存在の、時間的連続性（永遠）の保証者たる機能を、「国民主権」という、個人的、非伝統的、非歴史的、空間的概念を以て裁いたという無理から生じたものである。これは、「一君万民」というごとき古い伝承観念を破壊して、むりやりに、西欧的民主主義理念と天皇制を接着させ、移入の、はるか後世の制度によって、根生《ねおい》の、昔からの制度を正

フリードリヒ・ヴィルヘルム・ニーチェ
（1844〜1900年）哲学者

当化しようとした、方法的誤謬から生れたものである。（「問題提起」）

三島はこれを「西欧の神を以て日本の神を裁き、まつろわせた条項」と喝破した。

キリスト教文化をしか知らぬ西欧人は、この唯一神教の宗教的非寛容の先入主を以てしか、他の宗教を見ることができず、英国国教のイングランド教会の例を以て日本の国家神道を類推し、のみならずあらゆる侵略主義の宗教的根拠を国家神道に妄想し、神道の非宗教的な特殊性、その習俗純化の機能等を無視し、はなはだ非宗教的な神道を中心とした日本のシンクレティスム（諸神混淆《こんこう》）を理解しなかった。敗戦国の宗教問題にまで、無智な大斧を揮《ふる》って、その文化的伝統の根本を絶とうとした占領軍の政治的意図は、今や明らかであるのに、日本人はこの重要な魂の問題を放置して来たのである。（同前）

腕力で西欧に負けたのはともかく、精神まで侵略されてしまったんですね。われわれは一番大切な「魂の問題」を放置してきた。それでわが国は行き着くところまで行ってしまった。

そして戦後のいわゆる「文化国家」日本が、米占領下に辛うじて維持した天皇制は、その二つの側面をいずれも無力化して、俗流官僚や俗流文化人の大正的教養主義の帰結として、大衆社会化に追随せしめられ、いわゆる「週刊誌天皇制」の域にまでそのディグニティーを失墜せしめられたのである。天皇と文化とは相関わらなくなり、左右の全体主義に対抗する唯一の理念としての「文化概念たる天皇」「文化の全体性の統括者としての天皇」のイメージの復活と定立は、ついに試みられることなくして終った。かくて文化の尊貴が喪われた一方、復古主義者は単に政治概念たる天皇の復活のみを望んで来たのであった。(「文化防衛論」)

ここは大事なところなので、ニーチェを参考にもう少し詳しく見ていきます。

ニーチェと「民族の神」

私が唯一シンパシーを感じているのは保守主義です。

私は保守主義の本質をニーチェから学びました。

こういうことを言うと「え?」と思う人がいるかもしれません。

ニーチェを保守の対極に位置づけている人が多いからです。

ニーチェも三島と同様、誤解されてきました。戦後ドイツではナチズムと結び付けられたり、一方でフランスの左翼に利用されたり。「ニーチェは価値の破壊者だ」というわけですね。

「神は死んだ」というニーチェの有名な言葉があります。

これについても、私は何度も言及しているので、最小限の説明に抑えますが、これは「神は死んでいない」ということです。世の中の人間は神は死んだ(=無神論)と思っているかもしれないが、唯一神教の神は近代イデオロギーに化けて、依然としてわれわれを支配しているということです。

キリスト教の構造が近代に引き継がれ、世の中がおかしくなったというのがニーチェの見取り図です。西欧社会において、超越的な価値とされてきたものが、人間の生を歪めていると。

ニーチェは宗教一般を否定したわけではありません。

キリスト教の根底にある「反人間的なもの」を批判したのです。ニーチェは民族の神については否定していません。

ニーチェは『反キリスト者』で言います。

――私たちが袂を分かつゆえんは、歴史のうちにも、自然のうちにも、自然の背後にも、私たちがなんらの神をも見つけださないからではない、――そうではなくて、神として崇められていたものを、私たちが「神」とは感ぜず、憐れむべきものと、背理と、有害と感ずるからであり、誤謬としてのみならず、生への犯行として感ずるからである（後略）

――いまだおのれ自身を信じている民族は、そのうえおのれ自身の神をももっている。そうした民族が神において崇めるのは、おのれを上位に保たしめてくれる諸条件、おのれの諸徳であり、――このような民族は、おのれでおぼえるその快を、おのれの権力感情を、これらに対する感謝をささげうる或る存在者のうちへと投影する。

民族は自己肯定の感情、運命に対する感謝を、「或る存在者」に投影する。これが祭祀である。

三島の議論にあてはめれば、わが国では皇室ということになるのでしょう。ニーチェは

「民族の神」が、唯一神教という「一面的な薄っぺらな神」「不健康な神」に歪められたことを批判したのですね。

しかし、ここで重要なのは「民族の神」もまた嘘であることです。

あらゆる神はフィクションにすぎない。しかし、こうしたフィクションは、民族がよりよく生き抜くための技術なのである。これをニーチェは「聖なる嘘」と呼びました。あらゆる宗教は「聖なる嘘」である。問題は、キリスト教には「聖なる」目的がないことだと。

ニーチェは、キリスト教が「原罪」という概念により人間の生を、処女懐妊の物語で人類の誕生を汚したと批判します。

以下、ニーチェの論をまとめておく。

人間は視覚や聴覚といった五感をもつ。感覚器官が受け取った情報は脳内でイメージに転換され、さらに言葉に転換される。こうした概念化の過程で、細かい差異は切り落とされる。まったく同一ではないものを同一と看做すことにより、概念は発生する。

たとえば「葉」という概念。

「魚」という概念。

概念は発生と同時に暴走を始める。

まるで自然の中に、「葉」や「魚」の原型が存在するかのようなイメージを呼び起こす。

そしてその概念をもとにして、現実世界の「葉」や「魚」はスケッチされ、測定されるようになる。

この逆転現象を利用したのがプラトンであり、キリスト教です。そこでは真理は隠されており、真理を代弁する僧侶階級が権力を握る。

しかし、ニーチェは人間の感覚器官が生み出す世界こそが唯一の世界だと言います。真の世界などどこにも存在せず、人間の脳が生み出すイメージの体系こそが世界と呼ばれるものであると。ニーチェは真理を否定したのではありません。「真理とされてきたもの」を否定したのです。

あらゆる真理は、表層に現れる。キリスト教の考え方とは逆ですね。概念の暴力により、現実を見失ってはならない。ニーチェはキリスト教発生以前の古代ギリシャに健康な文化を見出しました。

三島は言います。

しかし一方では、私の中にどうしようもない明るい芸術の魔力が再びよみがえり始めた。たとえば音楽でいえばモーツアルトのような、小説でいえばスタンダールのようなもの。そしてそれらの向うにはギリシャの芸術があった。私はやはりニイチェ的な考えでギリシャの芸術を見ていたと思うのであるが、どこをついても翳《かげ》のないような明るさ、完全な冷静さ、ある場合には陽気さ、快活さ、若々しさ、そういうものが見かけだけのものではなくて、一番深いフシギなものをひそめていることに打たれた。そして一番表面的なものが、一番深いものだとさえ考えるようになった。(「わが魅せられたるもの」)

正統とはなにか

ニーチェに対する反発は相当強かったのでしょう。

キリスト教を敵に回したわけですから。

最後に推理作家のギルバート・ケイス・チェスタトン(一八七四～一九三六年)について述べておきます。

チェスタトンは評論集『正統とは何か』でニーチェを批判します。

ニーチェには、生まれながらの嘲弄の才能があったらしい。哄笑することはできなくても、冷笑することはできたのだ。しかし彼の諷刺には、何か肉体を欠いた、実体感のなさとも言うべきものがある。その理由は単純である。要するに彼の諷刺の背後には、世間一般の道徳という巨大な実体が存在しないからである。(中略)彼は晩年脳軟化症にとりつかれたが、これは単なる肉体的な偶発事ではない。かりにニーチェ自身が痴呆症に陥らなかったとしても、ニーチェ主義はかならずや痴呆症に陥るほかはないからだ。孤立した傲慢な思考は白痴に終わる。柔かい心を持とうとせぬ者は、ついには柔かい脳を持つことに到りつくのである。


乱暴な議論としか言い様がない。

すでに述べたとおり、ニーチェはキリスト教道徳を否定したのであり、むしろ道徳の復権を説いたのだ。

「狂人とは理性を失った人ではない。狂人とは理性以外のあらゆる物を失った人である」

「伝統とは、あらゆる階級のうちもっとも陽の目を見ぬ階級、われらが祖先に投票権を与えることを意味するのである。死者の民主主義なのだ」

こうしたチェスタトンの言葉は、たしかに保守的ではある。

しかし、この書全体を貫くのは、正統＝カトリック（普遍）という立場における信仰告白にすぎない。

「三位一体を信じるわれわれにとっては、神ご自身がすでに一つの社会を構成しているのだ」

「すべての宗教のうちキリスト教のみが、天地の創造者の徳のうちに勇気をつけ加えたのである」

チェスタトンにとって真理は自明のものであり、宗教とはキリスト教のことだった。《常識》とはキリスト教の《常識》である。

つまり、キリスト教を批判した人間が、「常識知らず」と罵声を浴びただけの話。それはそれでかまわない。信者とはそういうものである。

しかし、キリスト教徒でもない日本人が、チェスタトンと一緒になってニーチェを貶《けな》すのには違和感を覚える。

それは近代を批判する保守が、近代のロジックで罵声を浴びるのと同じことだからだ。

チェスタトンは無邪気な信仰告白を続ける。

すでに述べたように、世人が進歩主義者となるべき理由の一つとして挙げているのは、世の中の物事が自然によくなって行く傾向があるということである。だが、進歩主義者となるべき真の理由はただ一つ、世の中の物事は自然に悪くなって行く傾向があるということなのである。いや、物事が堕落して行くということは、単に進歩主義の最大の論拠であるだけではない。保守主義に反対すべき唯一の論拠でもある。（中略）けれども、あらゆる

> 保守主義の基礎となっている観念は、物事は放っておけばそのままになっているという考えかたである。ところがこれが誤りなのだ。物事を放っておけば、まるで奔流のような変化に巻きこまれるに決まっている。(『正統とは何か』)

このあたりは支離滅裂だ。

保守主義は堕落に抵抗する態度である。だから「奔流のような変化」を阻止する制度を重視する。「物事は放っておいてもかまわない」というのは、第一章で説明したように、むしろ自由主義者の考え方ではないか。

一方、チェスタトンが罵声を浴びせたニーチェは「変化」についてどう考えたのか?

> 今日最も深く攻撃されているもの、それは伝統の本能と意志とである。この本能にその起源を負うすべての制度は、現代精神の趣味に反するのである(後略)

> いく世代もの長きにわたって、同種の、持ちのよいものを達成するという昔とられた手段こそ、世襲財産、年長者への畏敬である(神々や英雄を父祖として信仰することの起源)。

> 道徳や法典がつくりだすのは、自動現象こそが生や創造において完全性を可能ならしめるということに対する深い本能である。

いずれも『権力への意志』からの引用だが、日々の生活のしきたりや紅茶の飲み方にこだわったニーチェを、単なる価値の破壊者と見るのは悪い冗談である。

ニーチェが指摘するように、法は「厳重に篩《ふるい》にかけられた巨大な経験」（『反キリスト者』）によって証明される。国家制度は「すなわち、伝統への、権威への、向こう数千年間の責任への、未来にも過去にも無限にわたる世代連鎖の連帯性への意志がなければならないのである」（『偶像の黄昏』）。

ニーチェの神に対する考え方は、ゲーテに近い。それはキリスト教の狭い枠内に収まるものではなかった。いや、順番が逆で、歴史的に見れば神という概念を狭い枠に押し込めたのがキリスト教なのですね。

これまで寄り添ってきた価値を否定されると、人間は不安になります。

認識者の存在を抜きにした普遍的真理が存在しないということになると、虚無的な気分になる。ニーチェはこれを「悲劇的認識」と呼びました。多くの人は、概念にしがみつき、現実を直視することができません。しかしニーチェは、一度は徹底的にそこに落ち込むべきだと説きました。もっともそれは一部の選ばれた人間に与えられる試練であり、B層は関係ありませんが。

ニーチェは言います。

〈前略〉また、〈近代的理念〉というものに寄せる愚にもつかぬたわいない盲信のなかに、いなさらには全キリスト教的ヨーロッパ道徳のなかに隠されている宿業を推知した者、こうした者たちは、じつに比類を絶した懸念に悩まされるのだ。（『善悪の彼岸』）

こうした近代の病は一部の人間を鍛えあげることになる。ますます生きづらい世の中になっていくわけですから。

三島は言います。

かくて、精神の停滞を阻む不断の緊張のために、病気を利用することから一歩進んで、もし自由に病気の選択ができるとしたら、できるだけ、生の躍動を象徴的に、また内在的にとらえうるような病気にかかることが望ましい。ニイチェはそれを、「強さのペシミズ

吉田松陰
（1830〜1859年）思想家・教育者

ム」「生の豊饒から直接生れるところの悲観主義」と呼んでいる。（「卑俗な文体について」）

三島は、吉田松陰（一八三〇〜五九年）の時代にも、江戸末期の民衆の世界（『孤立』ノススメ）があったと言う。「全てをシニカルに見てわらい飛ばすような江戸末期の民衆の世界」「明日のことなど考える必要がないではないか、お国なんかどうなってもよいというような民衆の心理的基調」の中で松陰の精神は尖鋭化していった。

三島は言います。

> いわゆる能動的虚無、そういった絶望感を胸の中で噛みしめたことのない人間は、松陰の忠義のみちを行くことはできない。かりにも世間を甘く考えて、世間の支持を期待したり、大衆をあてにするような思想の磨き方ではどうにもならないところまで来ていることを自覚して欲しい。（同前）

正常な思考を維持すれば、狂った社会では狂人扱いされる。
ニーチェは「理性」「抽象的概念」「イデオロギー」を疑えと言った。
「人間理性に懐疑的であるのが保守」です。

一九七〇年一一月二五日

最初に述べたとおり、本書で三島の自決は扱わなかった。ただし、ひとことだけ言えば、三島は文学者としての立場をなげうって、別のロジックを組み立てて死んだと思う。たとえば『太陽と鉄』や『行動学入門』で示されたように。それは同時に保守主義者としての立場をなげうった部分でもある。

参考までに三島の自殺についての発言を引用しておく。

死が戦術行動のなかで目的のための小さな手段として行使されるのは、革命の過程としては当然なことである。最高の瞬間に、最高度に劇的に、効果的に死が行使されることが保証されていれば、匹夫といえどもその死を容認するにやぶさかではない。しかし、その死が目前死ななくてもよいような小さな意味のために、犬死にするのであれば、勇者といえどもその死を避けたいと願うであろう。ところが一個人のある時点における判断には、死のそのようなクオリティーを見分ける能力がないということは、「葉隠」の著者もすでに洞察していたところであった。（「同志の心情と非情」）

ぼくはけっして、全共闘みたいに、十一月に死ぬぞとか、九月に死ぬなんて、そんなばかなことといいませんよ。でも、ひょっとすると、それが原因で死ぬかもしれないという可能性は、中にあると思います。世間の非難も承知のうえですし、それから、政治的にも非常に色がついてしまうし、何かのシチュエーションの中では……そんな、全然、冗談でぼくはああいうことをやっているのではないのです。

（中略）

ぼくは、死ぬということ、言うのはきらいなんです。人間が、死ぬなんていうこと、かるがるしく言うべきではないと思います。ただ、文学で死ぬというのは、ぼくはいやなのですよ、とっても。たとえば、文学的に行き詰まって自殺するなんていやですけれども、そうでない死に方ならば、してもいいと思う。（「三島文学の背景」）

生命尊重のみで、魂は死んでもよいのか。生命以上の価値なくして何の軍隊だ。今こそわれわれは生命尊重以上の価値の所在を諸君の目に見せてやる。それは自由でも民主主義でもない。日本だ。われわれの愛する歴史と伝統の国、日本だ。これを骨抜きにしてしまった憲法に体をぶつけて死ぬ奴はいないのか。もしいれば、今からでも共に起ち、共に死のう。（「檄」）

私は自殺をする人間がきらいである。自殺にも一種の勇気を要するし、私自身も自殺を考えた経験があり、自殺を敢行しなかったのは単に私の怯惰からだとは思っているが、自殺する文学者というものを、どうも尊敬できない。武士には武士の徳目があって、切腹やその他の自決は、かれらの道徳律の内部にあっては、作戦や突撃や一騎打と同一線上にある行為の一種にすぎない。だから私は、武士の自殺というものはみとめる。しかし文学者の自殺はみとめない。（「芥川龍之介について」）

あらゆる形の自殺に、演技の意識が伴うことを、心理学者はよく知っているが、私には自殺という行為は、他のあらゆる人間行為と同様、あらわな、あるいは秘められた不純な動機を手がかりにして、はじめて可能になるものだと思われる。（「心中論」）

私は三島の自決は憤死が半分、諫死《かんし》が半分だと思っている。それ以外になにかあるとすれば、死の直前、罪の意識に苛まれていたことだ。

三島は言います。

否定により、批判により、私は何事かを約束して来た筈だ。政治家ではないから実際的利益を与えて約束を果たすわけではないが、政治家の与えうるよりも、もっともっと大きな、もっともっと重要な約束を、私はまだ果たしていないという思いに日夜責められるのである。その約束を果たすためなら文学なんかどうでもいい、という考えが時折頭をかすめる。これも「男の意地」であろうが、それほど否定してきた戦後民主主義の時代二十五年間を、否定しながらそこから利得を得、のうのうと暮らして来たということは、私の久しい心の傷になっている。(「果たし得ていない約束」)

私も三島が死んだ歳に近づいてきて、腹を切った気持ちが少しはわかるようになった。自衛隊のクーデターに期待をかけるほど三島はナイーブではない。当日の行動に関してきわめて綿密な計画をたてた一方、自衛隊員が呼応した場合の具体策は存在しなかった。

自決の直前、三島は「仕方なかったんだ」とつぶやいている。

おわりに　果たし得ていない約束

わが国はB層に支配されています。近代において発生した大衆、その中でも特に知的レベルの低い人たちが、圧倒的な権力になってしまった。三島は死の直前に言いました。

私の中の二十五年間を考えると、その空虚に今さらびっくりする。私はほとんど「生きた」とはいえない。鼻をつまみながら通りすぎたのだ。

二十五年前に私が憎んだものは、多少形を変えはしたが、今もあいかわらずしぶとく生き永らえている。生き永らえているどころか、おどろくべき繁殖力で日本中に完全に浸透してしまった。それは戦後民主主義とそこから生ずる偽善というおそるべきバチルスである。

こんな偽善と詐術は、アメリカの占領と共に終わるだろう、と考えていた私はずいぶん甘かった。おどろくべきことには、日本人は自ら進んで、それを自分の体質とすることを選んだのである。政治も、経済も、社会も、文化ですら。（「果たし得ていない約束」）

三島の自決から、さらに四五年。そのバチルスは完全に今の日本を覆っている。

「びっくりする」とは単なる言い回しであり、三島は決して驚いているわけではない。

なぜなら、すでに述べたとおり、戦後民主主義の背後にあるものを三島は正確に見抜き、警告を発し続けたからだ。それはことごとく的中した。わずかながら残した希望も踏みにじられた。戦後民主主義者は相も変わらず戦後民主主義者のままであり、戦後民主主義を批判する自称保守は、戦後民主主義のもっとも薄汚いところを引き継いだ。

日本の伝統を深く呪う大阪の詐欺師を野放しにし、白昼堂々と国の解体を進めるルーピーに声援を送るのがB層だ。豚が豚を支配している。反吐《へど》が出るけれど、解決方法など存在しない。要するに、馬鹿馬鹿しくなったのでしょう。三島は言います。

現在の政治的状況は、芸術の無責任さを政治へ導入し、人生すべてがフィクションに化し、社会すべてが劇場に化し、民衆すべてがテレビの観客に化し、その上で行われることが最終的には芸術の政治化であって、真のファクトの厳粛さ、責任の厳粛さに到達しないというところにあると言えよう。(「若きサムライのための精神講話」)

本書は正気を維持している少数の仲間のために書き下ろしました。

なお、本文の一部に『新潮45』『週刊新潮』『正論』で発表した文章を加筆修正したうえで組み込んでおります。また、引用部分は現代仮名遣いに統一、敬称は省略させていただきました。

参考文献

『決定版　三島由紀夫全集』（新潮社）
『ニーチェ全集』（ちくま学芸文庫）
『保守とはなにか』江藤淳（文藝春秋）
『人性論』ヒューム／土岐邦夫、小西嘉四郎訳（中公クラシックス）
『フランス革命についての省察ほか』バーク／水田洋、水田珠枝訳（中公クラシックス）
『大衆の反逆』オルテガ・イ・ガセット／神吉敬三訳（ちくま学芸文庫）
『ゲーテとの対話』エッカーマン／山下肇訳（岩波文庫）
『政治における合理主義』マイケル・オークショット／嶋津格他訳（勁草書房）
『保守とは何か』福田恆存／浜崎洋介編（文春学藝ライブラリー）
『暗黙知の次元』マイケル・ポランニー／高橋勇夫訳（ちくま学芸文庫）
『歴史とは何か』E・H・カー／清水幾太郎訳（岩波新書）
『ハイエク全集』（春秋社）
『保守とは何だろうか』中野剛志（NHK出版新書）
『ゲーテの警告　日本を滅ぼす「B層」の正体』適菜収（講談社＋α新書）
『ニーチェの警鐘　日本を蝕む「B層」の害毒』適菜収（講談社＋α新書）
『新編　はじめてのニーチェ』適菜収（講談社＋α新書）
『日本をダメにしたB層の研究』適菜収（講談社＋α文庫）
『日本を救うC層の研究』適菜収（講談社）
『大衆社会の処方箋―実学としての社会哲学』藤井聡、羽鳥剛史（北樹出版）
『民主主義―古代と現代』M・I・フィンリー／柴田平三郎訳（講談社学術文庫）
『アメリカのデモクラシー』トクヴィル／松本礼二訳（岩波文庫）
『革命について』H・アレント／志水速雄訳（ちくま学芸文庫）
『全体主義の起原　3』H・アレント／大久保和郎、大島かおり訳（みすず書房）
『職業としての政治』マックス・ヴェーバー／脇圭平訳（岩波文庫）
『イェルサレムのアイヒマン――悪の陳腐さについての報告』大久保和郎訳（みすず書房）
『診断名サイコパス―身近にひそむ異常人格者たち』ロバート・D・ヘア／小林宏明訳（ハヤカワ文庫NF）
『平気でうそをつく人たち　虚偽と邪悪の心理学』M・スコット・ペック／森英明訳（草思社文庫）
『世界の名著28　モンテスキュー』所収「法の精神」／井上堯裕訳（中央公論社）
『死にいたる病／現代の批判』キルケゴール／桝田啓三郎訳（中公クラシックス）
『橋川文三著作集』（筑摩書房）
『正統とは何か』G・K・チェスタトン／安西徹雄訳（春秋社）

適菜 収

1975年山梨県生まれ。作家。哲学者。早稲田大学で西洋文学を学び、ニーチェを専攻。著書に、ニーチェの代表作『アンチクリスト』を現代語にした『キリスト教は邪教です!』、『ゲーテの警告 日本を滅ぼす「B層」の正体』、『ニーチェの警鐘　日本を蝕む「B層」の害毒』(以上、講談社＋α新書)、『日本をダメにしたB層の研究』(講談社＋α文庫)、『日本を救うC層の研究』(講談社)、呉智英との共著に『愚民文明の暴走』(講談社)などがある。

講談社＋α新書 246-5 A

ミシマの警告《けいこく》

保守を偽装するB層の害毒

適菜《てきな》 収《おさむ》 ©Osamu Tekina 2015

2015年11月19日第1刷発行
2016年 2 月 2 日第5刷発行

発行者——鈴木 哲
発行所——株式会社 講談社
東京都文京区音羽2-12-21 〒112-8001
電話 編集(03)5395-3522
販売(03)5395-4415
業務(03)5395-3615

デザイン——鈴木成一デザイン室
カバー写真——講談社写真資料センター
カバー印刷——共同印刷株式会社
印刷——慶昌堂印刷株式会社
製本——牧製本印刷株式会社

定価はカバーに表示してあります。

落丁本·乱丁本は購入書店名を明記のうえ、小社業務あてにお送りください。

送料は小社負担にてお取り替えします。

なお、この本の内容についてのお問い合わせは第一事業局企画部「＋α新書」あてにお願いいたします。

Printed in Japan
ISBN978-4-06-272784-6